날마다 새로워지기를 원하는

_____ 님께 드립니다.

조금씩, 매일, 계속
영어가 일취월장하는 3대 습관

하루 3줄
영어 일기

하루 3줄 영어일기

초판 1쇄 발행 2017년 11월 27일
초판 16쇄 발행 2025년 5월 1일

지은이 ALC 편집부 / **옮긴이** 정은희

펴낸이 조기흠
총괄 이수동 / **책임편집** 유소영 / **기획편집** 박의성, 최진, 유지윤, 이지은
마케팅 박태규, 임은희, 김예인, 김선영 / **제작** 박성우, 김정우
디자인 박정현

펴낸곳 한빛비즈(주) / **주소** 서울시 서대문구 연희로2길 62 4층
전화 02-325-5506 / **팩스** 02-326-1566
등록 2008년 1월 14일 제25100-2017-000062호

ISBN 979-11-5784-213-1 13740

이 책에 대한 의견이나 오탈자 및 잘못된 내용은 출판사 홈페이지나 아래 이메일로 알려주십시오.
파본은 구매처에서 교환하실 수 있습니다. 책값은 뒤표지에 표시되어 있습니다.

⌂ hanbitbiz.com ✉ hanbitbiz@hanbit.co.kr ❋ facebook.com/hanbitbiz
N post.naver.com/hanbit_biz ▶ youtube.com/한빛비즈 ⓘ instagram.com/hanbitbiz

Q&A Diary 英語で3行日記
Q&A DIARY EIGO DE 3 GYO NIKKI
Copyright © 2016 ALC Press Inc.
All rights reserved.
This edition is published by arrangement with ALC Press Inc., Tokyo
through Tuttle-Mori Agency, Inc., Tokyo and Shin Won Agency Co., Seoul.
The original Japanese edition was published by ALC Press Inc.
이 책은 Tuttle-Mori Agency와 신원에이전시를 통한 저작권자와의 독점계약으로 한빛비즈에서 출간되었습니다.
저작권법에 의해 보호를 받는 저작물이므로 무단 복제 및 무단 전재를 금합니다.

지금 하지 않으면 할 수 없는 일이 있습니다.
책으로 펴내고 싶은 아이디어나 원고를 메일(hanbitbiz@hanbit.co.kr)로 보내주세요.
한빛비즈는 여러분의 소중한 경험과 지식을 기다리고 있습니다.

조금씩, 매일, 계속!
영어가 일취월장하는 3대 습관

하루 3줄
영어 일기

ALC 편집부 지음 | 정은희 옮김

머리말

영어 공부의 핵심은
조금씩, 매일, 계속하는 것!

"일기를 쓰자!"

"영어 공부를 하자!"

이제까지 이런 결심을 수도 없이 되풀이하지 않았나요? 그러나 그 결심은 대부분 지켜지지 못하고, 어제와 별다를 바 없는 오늘을 살아가고 있지는 않나요?

일기 쓰기와 영어 학습은 둘 다 '계속하는 것'이 중요합니다. 하지만 책상을 정리하다 문득, 시간이 멈춰버린 채로 백지 상태로 남아 있는 일기장이나 풀다 만 영어 문제집을 발견하고는 씁쓸한 기분을 느끼는 사람도 많을 것입니다.

이 책은 꾸준히 하기 어려운 일기 쓰기와 영어 학습을 결합해서 일상적으로 영어를 구사하는 시간을 만들어 자신의 이야기를 영어로 표현하는 힘을 길러주기 위해 제작되었습니다. 영어 일기라고 해서 어렵게 생각할 필요는 없습니다. 이 책에는 영어 일기를 쉽고 즐겁게, 그리고 꾸준히 쓸 수 있는 노하우가 잔뜩 담겨 있습니다.

방법은 매우 간단합니다. 매일 한 가지 질문에 딱 3줄 분량의 영어로 답할 것. 이것뿐입니다.

지금 눈앞에 무엇이 보이나요?

지금 좋아하는 사람이 있나요?

오늘 당신을 가장 많이 웃게 한 일은 무엇인가요?

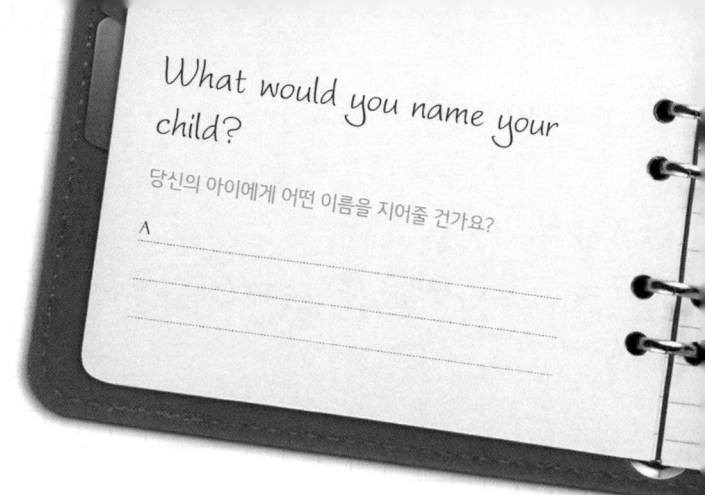

　진지한 답변을 요하는 것부터 피식 웃음이 나오는 질문까지 모두 366개의 질문이 실려 있습니다. 하고 싶은 이야기를 생각나는 대로 편하게 써보세요. 일기는 자기 자신을 위한 것이니 답하기 어려운 질문에는 다른 이야기를 써도 상관없습니다. 자신을 자유롭게 표현해보세요.

　처음에는 생각만큼 쉽지 않을지도 모르지만, 걱정하지 마세요. 하루하루 꾸준히 실천하는 동안 영어 실력은 자연스럽게 향상됩니다. 가끔 예전에 쓴 일기를 다시 읽어보면, 자신이 얼마나 성장했는지 느낄 수 있어 계속해나갈 수 있는 동기 부여도 될 것입니다.

　본인에게 맞는 방식으로 자유롭고 즐겁게 딱 3줄로 영어 일기를 써보세요. 이 책을 통해 독자 여러분의 영어 실력이 향상되고 더불어 뭔가를 꾸준히 하는 습관도 기를 수 있다면, 우리는 더할 나위 없이 기쁠 것입니다.

ALC 영어출판편집부

영어 일기 200% 활용하는 법

조금씩, 매일, 계속!
영어공부의 3원칙을 지켜주는 영어 일기

날짜 — 일기를 쓰는 날짜를 적으세요.

질문

그날 일기의 테마입니다. 일상, 일, 연인 및 친구 관계 등 다양한 주제의 질문이 마련되어 있습니다. 진지한 답변이 필요한 것부터 살짝 웃음이 나오는 재미있는 질문까지, 질리지 않고 매일 3줄씩 작성할 수 있습니다.

일기

질문에 대한 자신만의 답변을 3줄 이내로 써보세요. 가끔 답하기 곤란한 질문과 마주칠 수도 있지만 괜찮습니다. 그럴 때는 하고 싶은 이야기를 자유롭게 쓰세요. 자신의 실력에 맞춰 일기를 쓰는 법은 뒷장에 상세하게 나와 있습니다.

Q 056

If you could fly, where would you go?
만약 날 수 있다면, 어디로 갈 건가요?

A

Sample Diary Entry

If I could fly, I would like to fly all around Jeju Island. The sight would be very different from what I see now and should be an amazing experience for me.

만약 날 수 있다면, 제주도를 여기저기 날아다니고 싶다. 지금 보는 것과는 전혀 다른 경치를 볼 수 있을 것이며, 그것은 나에게 놀라운 경험이 될 것이다.

Words & Phrases
wing: 날개
superhero: 슈퍼히어로
ascend: 오르다, 올라가다
exhilarating: 즐거운, 상쾌한
(be) scared of heights: 높은 곳을 무서워하는, 고소공포증이 있는

Memo

이 책을 활용하는 방법은 매우 간단합니다. 한 가지 질문에 대한 답변을 일기 형식으로 3줄만 쓰면 됩니다. 매일 새롭게 제시되는 질문에 답하다 보면 자신이 하고 싶은 이야기를 영어로 표현하는 습관이 자연스럽게 몸에 밸 것입니다.

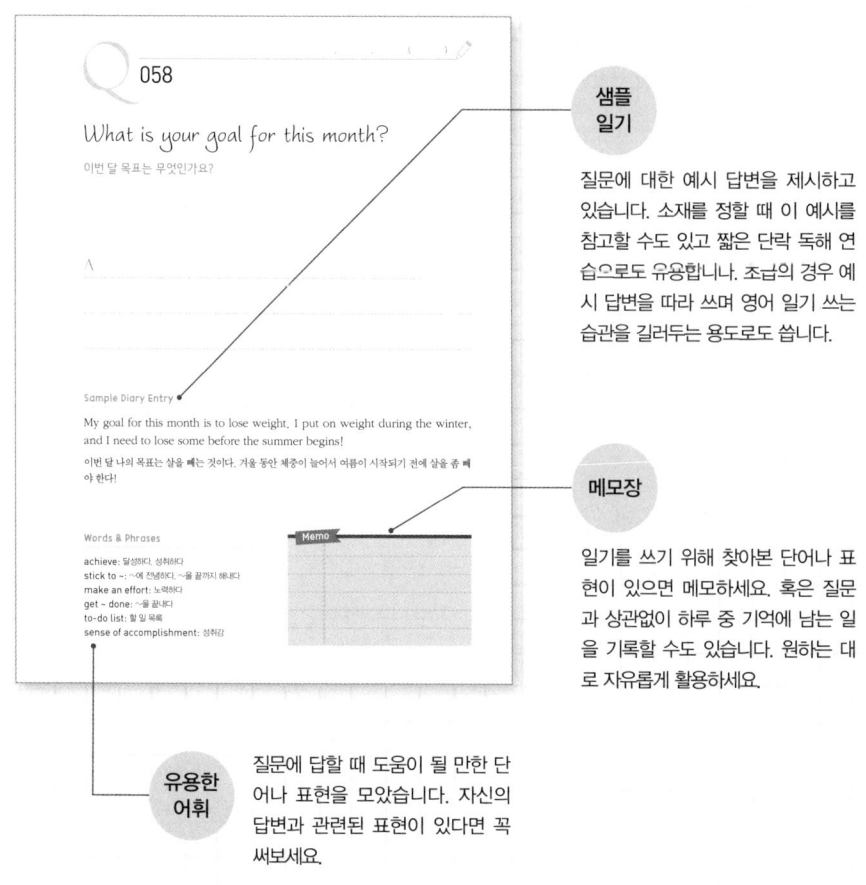

초급은 샘플 일기를 따라 쓰며 영어 습관 기르기

영어로 문장을 쓰는 데 자신이 없거나 질문에 대한 답변이 떠오르지 않을 때는 Sample Diary의 내용을 그대로 따라 쓰는 것부터 시작하세요. 조금씩이라도 매일 영어 일기를 따라 써보는 습관을 들이는 것이 중요합니다. Sample Diary를 따라 쓰면서 나중에 써보고 싶은 표현이 나오면 꼭 익혀두세요.

매일 기록할 수 있도록 날짜 쓰기 잊지 마세요!

2018. 9. 23 (Sun)

Q 056

If you could fly, where would you go?
만약 날 수 있다면, 어디로 갈 건가요?

A If I could fly, I would like to fly all around Jeju Island. The sight would be very different from what I see now and should be an amazing experience for me.

그대로 따라 쓰자!

Sample Diary Entry

If I could fly, I would like to fly all around Jeju Island. The sight would be very different from what I see now and should be an amazing for me.

만약 날 수 있다면, 제주도를 여기저기 날아다니고 싶다. 지금 보는 것과는 있을 것이며, 그것은 나에게 놀라운 경험이 될 것이다.

그날의 일기를 한국어로 쓰거나 주제와 관련된 새 영어 단어를 메모해보세요!

Memo

Words & Phrases

wing: 날개
superhero: 슈퍼히어로
ascend: 오르다, 올라가다
exhilarating: 즐거운, 상쾌한
(be) scared of heights: 높은 곳을 무서워하는, 고

중급은 샘플 일기를 조금씩 바꿔 써보며 실력 향상

영어 실력이 어느 정도 있지만 자유롭게 작문하는 것이 어렵다면 Sample Diary의 단어와 표현들을 살짝 바꿔서 써보세요. 자신이 알고 있는 동사, 명사, 형용사 등을 써서 문장을 고치는 연습을 해보는 거죠. 이 방법을 꾸준히 연습하면 금세 영어 쓰기 실력이 향상될 것입니다.

Q 056　　　　　　　　　　　　2018　9　23 (Sun)

If you could fly, where would you go?
만약 날 수 있다면, 어디로 갈 건가요?

조금씩 바꿔서 나만의 일기로!

A If I could fly, I would **love** to fly around **a big city** as it would be very different from **how I see from the ground** and would be **really beautiful**.

Sample Diary Entry

If I could fly, I would like to fly all around Jeju Island. The sight would be very different from what I see now and should be an amazing experience for me.

만약 날 수 있다면, 제주도를 여기저기 날아다니고 싶다. 지금 보는 것과는 전혀 다른 경치를 볼 수 있을 것이며, 그것은 나에게 놀라운 경험이 될 것이다.

Words & Phrases
wing: 날개
superhero: 슈퍼히어로
ascend: 오르다, 올라가다
exhilarating: 즐거운, 상쾌한
(be) scared of heights: 높은 곳을 무서워하는, 고

고급은
자유롭게 쓰되 꾸준히 쓰는 습관 기르기

답변할 내용이 머릿속에 떠오르면 자유롭게 작성하세요. 일기를 쓰다 보면 본인이 하고 싶은 말을 영어로 표현하는 힘이 길러집니다. 답변하기 어려운 질문이 나오면, 질문과 전혀 상관없는 이야기를 써도 괜찮습니다. 자유롭고도 꾸준히 쓰는 것이 중요합니다.

자신만의 일기를 쓰자!

2018. 9. 23 (Sun)

Q 056

If you could fly, where would you go?
만약 날 수 있다면, 어디로 갈 건가요?

A Even if I could fly, I wouldn't want to. For one thing, I'm scared of heights. Also the air would be so cold high above the sky that I would freeze.

Sample Diary Entry

If I could fly, I would like to fly all around Jeju Island. The sight would be very different from what I see now and should be an amazing experience for me.

만약 날 수 있다면, 제주도를 여기저기 날아다니고 싶다. 지금 보는 것과는 전혀 다른 경치를 볼 수 있을 것이며, 그것은 나에게 놀라운 경험이 될 것이다.

Words & Phrases
wing: 날개
superhero: 슈퍼히어로
ascend: 오르다, 올라가다
exhilarating: 즐거운, 상쾌한
(be) scared of heights: 높은 곳을 무서워하는, 고

My English Diary

Let's get it!

시작한 날짜

 001

Where would you like to visit the most?
가장 방문해 보고 싶은 곳은 어디인가요?

A

Sample Diary Entry

I would most like to visit Machu Picchu. It is one of the most fascinating places in the world. I'd like to hike through the ruins and see the old buildings.

마추픽추를 가장 방문해 보고 싶다. 그곳은 세계에서 가장 멋진 곳 중 하나다. 유적 사이를 돌아다니고 오래된 건축물들을 구경하고 싶다.

Words & Phrases

lifelong dream: 일생의 꿈
amazing: 놀랄 만한, 멋진
intriguing: 흥미를 자아내는, 매력적인
be interested in ~: ~에 관심이 있다
be attracted to ~: ~에 끌리다
long-stay: 장기 체류의

Memo

Q 002

If you could cry on anyone's shoulder, whose would it be?

누군가에게 하소연할 수 있다면, 그게 누가 될 수 있나요?

A
....

....

....

Sample Diary Entry

I would cry on my sister's shoulder. She and I have been close since we were very young. She has always helped me, no matter what.

언니에게 하소연할 것이다. 언니와 나는 아주 어릴 적부터 사이가 좋았다. 어떤 일이든 언니는 항상 나를 도와주었다.

Words & Phrases

trustworthy: 신뢰할 수 있는
reliable: 신뢰할 수 있는
open up: 마음을 터놓다, 마음을 열다
self-reliant: 자립적인
work things out: 일을 잘 해결하다
on one's own: 자기 스스로, 혼자 힘으로

Memo

003

Have you talked to anyone over the phone today?

오늘 누구와 전화로 이야기한 적이 있나요?

A

Sample Diary Entry

I haven't talked to anyone today, but last night I talked to my best friend. She called me to ask if I would go and see a movie with her on Saturday.

오늘은 누구와도 이야기하지 않았지만, 어젯밤엔 가장 친한 친구와 이야기를 나눴다. 그녀는 토요일에 함께 영화를 보러 가겠냐고 물어보기 위해서 나에게 전화했다.

Words & Phrases

have a chat: 담소를 나누다, 잡담하다
chat online: 온라인 채팅을 하다
phone bill: 전화 요금 명세서
lengthy phone call: 장시간 통화
landline (phone): 유선 전화
free voice call: 무료 음성 통화

Memo

Q 004

What three words would you use to describe today?

오늘을 세 단어로 표현한다면, 어떤 단어를 쓸 건가요?

A

Sample Diary Entry

I would describe today as having been "rainy," because it rained all day, "fun," because I did a lot, and "short," because it seemed to go by quickly.

'비가 오는'이라는 단어로 오늘을 표현할 수 있겠다. 종일 비가 내렸기 때문이다. 그리고 많은 일을 했기 때문에 '재미있는'과, 하루가 빨리 지나간 느낌이 들어서 '짧은'이라는 단어를 쓰고 싶다.

Words & Phrases

wet: 비가 오는, 날씨가 궂은
clear: (날씨가) 맑은, 청명한
busy: 바쁜
fun-filled: 즐거움이 가득한
productive: 생산적인, 결실이 있는
ordinary: 보통의, 일상적인

Memo

What is your favorite sport?
좋아하는 운동은 무엇인가요?

A

Sample Diary Entry

My favorite sport is basketball. I love to run up and down the court, catch and shoot the ball. I also like to play defense and block other players.

내가 좋아하는 운동은 농구다. 경기장을 뛰어다니며 공을 잡고 슛하는 것을 아주 좋아한다. 또 수비를 하고, 다른 선수들을 막는 것도 좋아한다.

Words & Phrases

champion: 우승자
go to a ~ game/match: ~ 경기를 보러 가다
tournament: 토너먼트
used to play ~: ~하곤 했다
like to play ~: ~하는 것을 좋아하다
training: 연습, 훈련

Memo

006

What was the most expensive thing that you bought today?

오늘 산 물건 중에 가장 비싼 것은 무엇이었나요?

A

Sample Diary Entry

The most expensive thing I bought today was a necktie. I have a job interview on Monday, so I bought a red tie to go with my suit. It cost me 30,000 won.

오늘 산 물건 중 가장 비싼 것은 넥타이였다. 월요일에 취업 면접이 있어서 정장과 잘 어울리는 빨간색 넥타이를 샀다. 가격은 3만 원이었다.

Words & Phrases

daily budget: 일일 예산
allowance: 용돈
exceed one's spending limits: 지출 한도를 초과하다
a good buy: 싸게 잘 산 물건
on sale: 세일 중인, 특가로

Memo

007

What are you into these days?
요즘 무엇에 빠져 있나요?

A

Sample Diary Entry

These days I'm into making accessories. I bought a kit on the Internet and so far I've made two bracelets. I'm going to make my mother a necklace for her birthday.

요즘 나는 액세서리를 만드는 데 푹 빠져 있다. 인터넷에서 도구 세트를 사서 지금까지 두 개의 팔찌를 만들었다. 생신 선물로 어머니께 목걸이를 만들어 드릴 예정이다.

Words & Phrases

become hooked: 푹 빠지게 되다
(be) inspired by ~: ~에 영감을 받은
join a club: 동호회에 가입하다
lose interest in ~: ~에 대한 흥미를 잃다

Memo

Q 008

Is there anything that is just "non-negotiable" for you?

절대 '양보할 수 없는' 것이 있나요?

A

Sample Diary Entry

For me, a positive attitude is non-negotiable. I believe it's important to be positive, regardless of the challenges you face. A negative attitude only makes things worse!

나는 긍정적인 태도만은 양보할 수 없다. 어떤 시련이 닥치더라도 긍정적인 태도를 가지는 것이 중요하다고 믿는다. 부정적인 태도는 상황을 악화시키기만 할 뿐이다!

Words & Phrases

adhere to ~: ~을 고수하다, ~을 충실히 지키다
live by ~: (신조·원칙 등) ~에 따라 살다
compromise: 타협하다
values: 가치관
principle: 주의, 원칙, 신념
personal belief: 개인적인 믿음

Memo

Q 009

If you were granted one wish, what would you wish for?

한 가지 소원이 허락된다면, 어떤 소원을 빌 건가요?

A

Sample Diary Entry

I would wish for people's safety and happiness. There are too many wars and conflicts in the world today. I just want everyone to be happy.

나는 사람들의 안전과 행복을 빌 것이다. 오늘날에는 전 세계적으로 너무 많은 전쟁과 분쟁이 있다. 나는 그저 모든 사람이 행복하기를 바란다.

Words & Phrases

noble: 고상한, 숭고한
material: 물욕적인, 세속적인
success: 성공
well-being: 행복, 복지, 웰빙
win the lottery: 복권에 당첨되다
loved one: 가장 사랑하는 사람, 사망한 가족

Memo

010

Are you happy or unhappy with your current self?

현재 자신의 모습이 만족스러운가요, 아니면 불만족스러운가요?

A

Sample Diary Entry

Overall, I am happy with my current self. Of course there are some things I'd like to improve. I wish I spoke English better, for example. But I like myself!

전반적으로는 현재의 내 모습에 만족한다. 물론 개선하고 싶은 점도 몇 가지 있다. 예를 들면, 나는 영어를 더 잘하고 싶다. 하지만 나는 나 자신을 사랑한다!

Words & Phrases

beyond one's wildest dreams: 꿈에도 생각지 않은, 믿을 수 없을 정도로 훌륭한
aspire to ~: ~을 갈망하다, ~을 열망하다
expect: 예상하다, 기대하다
(be) satisfied with ~: ~에 만족하는
(be) supposed to ~: ~하기로 되어 있는, ~할 의무가 있는

Memo

What is your favorite color?
어떤 색을 좋아하나요?

A

Sample Diary Entry

My favorite color is blue. It is the color that I like to wear, and I think it is the color which makes me relaxed and comfortable.

내가 좋아하는 색은 파란색이다. 즐겨 입는 색이기도 하고, 긴장을 풀어주고 마음을 편안하게 해주는 색이라고 생각한다.

Words & Phrases

personal color analysis: 퍼스널 컬러 진단(사람의 피부색이나 분위기 등과 어울리는 색상을 알아보는 테스트)
skin tone: 피부색
eye color: 눈동자의 색
go well with ~: ~와 잘 어울리다
shade of color: 색상, 색조

012

Do you believe in fortune-telling?
점을 믿나요?

A

Sample Diary Entry

I don't really believe in fortune-telling, especially if it is predicting bad things for me. I like to be positive as mush as I can so that I can enjoy every day.

점은 진짜로 믿지는 않는데, 특히 나에게 안 좋은 일을 예견할 때는 더 그렇다. 하루하루를 즐길 수 있도록 최대한 긍정적으로 살아가고 싶다.

Words & Phrases

horoscope: 점성술
zodiac sign: (황도십이궁의) 별자리
tarot reading: 타로점
realist: 현실주의자
fortune: 행운, 운
omen: 전조, 징조

Memo

Q 013

Do you have any hobbies?
취미가 있나요?

A

Sample Diary Entry

My hobby is playing badminton. I started playing the sport when I was at high school, and the speed of the sport fascinated me. These days it's a great exercise for me.

내 취미는 배드민턴이다. 고등학교에 있을 때 배드민턴을 치기 시작했는데, 그 속도감에 매료되었다. 요즘은 배드민턴이 나에게 굉장한 운동이 되고 있다.

Words & Phrases

take up a hobby: 취미를 가지다
be engrossed in ~: ~에 몰두하다
clear one's mind: 잡념을 없애다
study under ~: ~에게서 가르침을 받다
improve one's skills: 기술을 향상시키다
motivation: 동기 부여

Memo

What do you see in front of you right now?
지금 눈앞에 무엇이 보이나요?

A

Sample Diary Entry

I have a cup of tea in front of me. I made it to help me relax while I think about and answer these questions.

내 앞에 차 한 잔이 놓여 있다. 이런 질문들에 대해 생각하고 답하는 동안 마음을 편안히 하기 위해서 차를 끓였다.

Words & Phrases

favorite: 마음에 드는, 좋아하는
box of tissues: 화장지 통, 사각 티슈
stockpile: (대량으로) 비축하다, (책·DVD 등을) 모으다
household task: 집안일
matter of concern: 관심사, 현안 사항

Memo

015

What is your favorite day of the week?
일주일 중 무슨 요일을 가장 좋아하나요?

A

Sample Diary Entry

My favorite day of the week is definitely Friday! I love to meet up with my friends and have a drink or two and enjoy myself.

일주일 중 가장 좋아하는 요일은 단연 금요일이다! 친구들과 만나 한잔하고 즐거운 시간을 보내는 것을 아주 좋아한다.

Words & Phrases

Monday morning blues: 월요병
least favorite: 가장 싫어하는
non-working day: 휴일
a day before a holiday: 휴일 전날
TGIF: 드디어 금요일이야('Thank God it's Friday.'의 줄임말)

Memo

Do you have a favorite aroma?

좋아하는 향이 있나요?

A

Sample Diary Entry

My favorite aroma has to be that of coffee. When I want to concentrate, I always grab myself a cup of coffee, and it makes me feel both relaxed and ready to work hard.

내가 좋아하는 향은 커피 향일 수밖에 없다. 집중하고 싶을 때 항상 커피 한 잔을 마시는데, 커피는 긴장을 풀어주고 열심히 일할 준비를 하게 만든다.

Words & Phrases

perfume: 향기, 향수, 향료
herbal: 허브의, 약초의
savory: 풍미 있는, 향기로운
nostalgia: 향수(鄕愁), 그리움
evoke memories of ~: ~에 대한 기억을 불러일으키다

Memo

What was the last book you read?

가장 마지막으로 읽은 책은 무엇인가요?

A

Sample Diary Entry

The last book I read was a novel. I don't usually read books, but when I am on a business trip flight, I tend to read mystery novels.

가장 마지막으로 읽은 책은 소설이었다. 나는 평소 책을 읽지 않지만, 출장 가는 비행기 안에서는 추리 소설을 읽는 편이다.

Words & Phrases

genre: 장르, 유형
fiction: 소설, 허구, 창작
nonfiction: 논픽션
author: 저자, 작가
bestseller: 베스트셀러, 잘 팔리는 상품
page-turner: (책장 넘기기가 기다려지는) 재미있는 책

Memo

Which country would you most like to visit?

가장 방문해 보고 싶은 나라는 어디인가요?

A

Sample Diary Entry

I would most like to visit Nepal again. I once visited that country with my parents when I was young. People there were poor, but they seemed happier than any other people in the world.

네팔을 다시 한 번 가보고 싶다. 나는 어렸을 때 부모님과 함께 그곳을 방문했었다. 그곳 사람들은 가난하지만, 세상 누구보다 더 행복해 보였다.

Words & Phrases

take a tour: 여행하다
explore: 탐험하다
ancient: 고대의, 옛날의
famous: 유명한
diverse: 다양한
landscape: 경관, 풍경

Memo

019

What do you like doing on your days off?

쉬는 날에 무엇을 하는 것을 좋아하나요?

A

Sample Diary Entry

I like to spend time in a library. I love picking up books and not being disturbed. I learn so much at the library!

도서관에서 시간을 보내는 것을 좋아한다. 책을 고르고 방해받지 않는 점이 좋다. 나는 도서관에서 정말 많은 것을 배운다!

Words & Phrases

pamper oneself: 제멋대로 행동하다
organize a trip: 여행을 계획하다
stay in: 집에 있다, 외출하지 않다
go out: 외출하다
work on a project: 작업을 하다

Memo

020

What is the first thing you do when you wake up in the morning?

아침에 일어나서 가장 먼저 하는 일은 무엇인가요?

A

Sample Diary Entry

I always take a shower first thing after I wake up. It makes me refreshed for the day, and also gives me time to think about what I have to do that day.

일어나면 항상 가장 먼저 샤워를 한다. 샤워는 하루를 보낼 수 있도록 기운을 북돋워 주고, 그날 해야 할 일에 대해 생각할 시간을 준다.

Words & Phrases

make one's bed: 잠자리를 정돈하다
meditate: 명상하다
check: 확인하다
schedule: 일정, 스케줄
weather forecast: 일기 예보
prepare: 준비하다

Memo

Q 021

Do you like spicy food?

매운 음식을 좋아하나요?

A

Sample Diary Entry

I like some kinds of spicy food. I love curry and kimchi. However, I don't like spicy Thai food. Maybe because of the other flavors used to make it.

매운 음식 중 몇 가지 종류를 좋아한다. 카레와 김치를 좋아한다. 하지만 매운 태국 음식은 좋아하지 않는다. 아마도 그 음식을 만들기 위해 들어간 다른 향신료 때문인 것 같다.

Words & Phrases

spicy food: 매운 음식
sweat: 땀을 흘리다
metabolism: 신진대사
lose weight: 살이 빠지다
salty: 짠, 소금기 있는
have a sweet tooth: 단것을 좋아하다

Memo

What do you do when you're feeling down?
기분이 우울할 때 무엇을 하나요?

A

Sample Diary Entry

When I'm feeling down, I listen to my favorite music. I have a collection of over 200 CDs. When I need to feel happier, I listen on something cheerful.

기분이 우울할 때는 좋아하는 음악을 듣는다. 나는 200장이 넘는 CD를 소장하고 있다. 기분이 즐거워지고 싶을 때면 활기찬 음악을 듣는다.

Words & Phrases

depressed: 우울한, 의기소침한
feel blue: 우울하다
a change of pace: 기분 전환
take a break: 잠시 휴식을 취하다
unwind: 긴장을 풀다
go with the flow: 흐름에 몸을 맡기다

What is your theme song?
당신의 주제곡은 무엇인가요?

A

Sample Diary Entry

My theme song is "September" by Earth, Wind & Fire. It has a great rhythm and melody. The chorus is fun to sing along with, too.

나의 주제곡은 Earth, Wind and Fire의 'September'이다. 리듬과 멜로디가 뛰어난 곡이다. 후렴구도 따라 부르면 재미있다.

Words & Phrases

lyrics: 가사(歌詞)
resonate with ~: (소리가) 울려 퍼지다
empower: 권한을 주다, ~할 수 있게 하다
sum up: 요약하다
reflect: 반영하다
personality: 인격, 개성

Memo

Do you have a personal motto?

좌우명이 있나요?

A

Sample Diary Entry

My personal motto is the one my father taught me: "Expect the worst, and hope for the best." It means I should be prepared for bad things to happen but still be optimistic.

내 좌우명은 아버지께서 가르쳐주신 "최악의 상황을 예상하고 최고의 상황을 기대하라"이다. 이 말은 나쁜 일이 일어날 것에 대한 대비는 하되 여전히 낙관적으로 생각하라는 뜻이다.

Words & Phrases

famous: 유명한
quote: 인용하다, 인용문
proverb: 속담, 격언
family motto: 가훈
inspirational: 영감을 주는, 감동적인
values: 가치관

Memo

025

What made you laugh the most today?
오늘 당신을 가장 많이 웃게 한 일은 무엇인가요?

A

Sample Diary Entry

This morning I saw my neighbor walking her dog near her house. The dog spotted another dog and started jumping and barking wildly. I thought it was very funny.

오늘 아침에 이웃집 사람이 개를 데리고 집 주변을 산책하는 모습을 봤다. 그 개가 다른 개를 보고는 정신없이 뛰면서 짖어댔다. 그 모습이 아주 재미있었다.

Words & Phrases

comedian: 코미디언, 희극 배우
laugh out loud: 큰 소리로 웃다
joke: 농담
sense of humor: 유머 감각
hilarious: (사람 등이) 아주 재미있는, (사람을) 웃기게 하는

Memo

026

Spring, summer, fall and winter; what is your favorite season?

봄, 여름, 가을, 겨울 중 가장 좋아하는 계절은 무엇인가요?

A

Sample Diary Entry

Spring is my favorite season. I love to see flowers in bloom and I love the warm weather. It's not too hot but not too cold.

봄을 가장 좋아한다. 꽃이 피어 있는 모습을 보는 것을 좋아하고, 날씨도 따뜻해서 좋다. 너무 덥지도 않고 춥지도 않다.

Words & Phrases

temperature: 온도, 기온
cherry blossom: 벚꽃
fresh: 신선한, 상쾌한
crisp: 상쾌한
heat: 열, 열기, 더위
leaves changing color: 단풍잎

Memo

Who pops up in your mind right now?

지금 머릿속에 떠오르는 사람은 누구인가요?

A

Sample Diary Entry

My grandfather pops up in my mind. He was a fun, smart, and always interesting man. We used to go fishing together when I was little.

할아버지가 머릿속에 떠오른다. 할아버지는 유쾌하고 현명하며 언제나 재미있는 분이셨다. 내가 어릴 적엔 함께 낚시하러 가곤 했다.

Words & Phrases

close friend: 친한 친구
partner in crime: 나쁜 친구
mentor: 조언자, 멘토
sibling: 형제자매
acquaintance: 아는 사람, 지인
neighbor: 이웃 (사람)

Memo

Do you have a daily routine?

날마다 하는 일이 있나요?

A

Sample Diary Entry

Every morning I walk around my neighborhood for 30 minutes. It gives me good exercise and also helps me plan my day. I come home feeling refreshed.

매일 아침 30분 동안 동네를 산책한다. 산책은 좋은 운동이 되기도 하고, 하루의 계획을 세우는 데 도움을 주기도 한다. 상쾌한 기분을 느끼며 집으로 돌아온다.

Words & Phrases

build: 형성하다, 구성하다, 조직하다
productive: 생산적인, 생산성이 높은
get things done: 일을 완수하다, 일을 처리해 나가다
recharge: (원기를) 재충전하다
strict: 엄격한

Memo

What did you have for lunch today?
오늘 점심으로 무엇을 먹었나요?

A

Sample Diary Entry

Today I went to the Indian restaurant near the train station. I had spinach and mushroom curry with nan bread and a salad. It was delicious and not too expensive!

오늘은 기차역 근처에 있는 인도 식당에 갔다. 난(납작한 인도의 빵)과 샐러드를 곁들여 시금치와 버섯이 들어간 카레를 먹었다. 음식이 맛있었고, 지나치게 비싸지도 않았다!

Words & Phrases

eat out: 외식하다
packed lunch: 도시락
thermos bottle: 보온병
cafeteria: (학교나 회사 등의) 구내식당
have a light lunch: 점심을 가볍게 먹다
eat a full meal: 식사를 든든히 하다

Memo

 030

What surprised you the most today?

오늘 당신을 가장 놀라게 한 일은 무엇인가요?

A

Sample Diary Entry

Today I was most surprised by the wind. It had been raining all day, and at around five o'clock, the wind became very strong. It knocked over some plants on my balcony.

오늘 나는 바람 때문에 가장 놀랐다. 온종일 비가 내렸는데, 5시쯤 되자 바람이 매우 거세졌다. 바람 때문에 발코니에 놔둔 화초들이 몇 개 쓰러졌다.

Words & Phrases

(be) shocked: 충격을 받은
(be) astonished: 깜짝 놀란
unexpected: 예상 밖의, 생각지 않은
headline news: 주요 뉴스
gossip: 소문, 가십 기사

Memo

031

What has been a surprising finding for you lately?

최근에 알게 된 놀라운 사실은 무엇인가요?

A

Sample Diary Entry

How long a day feels, when I get up at 5 a.m.! I usually get up at around 9 a.m., but the four hours felt longer than the actual time.

오전 5시에 일어나면 하루가 엄청 길게 느껴진다! 나는 보통 오전 9시 즈음에 일어나는데, 그 4시간은 실제 시간보다 더 길게 느껴졌다.

Words & Phrases

(be) pleasantly surprised: 기분 좋게 놀라는
information: 정보
learn: 배우다

Memo

 032

Are you a morning or a night person?

당신은 아침형 인간인가요, 아니면 저녁형 인간인가요?

A

Sample Diary Entry

I am a night person. Due to my work, there are times when I have to speak with people all over the world, and that has led me becoming a night person.

나는 저녁형 인간이다. 일 때문에 세계 각지의 사람들과 이야기를 나눠야만 할 때가 있는데, 그런 일이 나를 저녁형 인간으로 만들었다.

Words & Phrases

early bird: 아침 일찍 일어나는 사람
night owl: 밤늦도록 자지 않는 사람, 밤샘하는 사람
rise and shine: 일어나다, 기상하다
stay up late: 늦게까지 깨어 있다
efficient: 효율적인
concentrate: 집중하다

033

What was the last movie you saw?

가장 마지막으로 본 영화는 무엇인가요?

A

Sample Diary Entry

The last film I watched was "Star Wars." The series had been my favorite since childhood, and so the release of the newest episode was great news for me!

가장 마지막으로 본 영화는 〈스타워즈〉였다. 어릴 적부터 좋아한 시리즈라서, 최신작이 개봉한다는 소식은 나에게 엄청난 뉴스였다!

Words & Phrases

theater: 극장, 영화관
cable television: 유선 방송
enjoyable: 즐길 수 있는
mediocre: 평범한, 그저 그런
look forward to ~: ~을 고대하다, ~을 즐겁게 기다리다
much anticipated: 갈망해온

Memo

034

What's in your fridge right now?

냉장고에 지금 무엇이 들어 있나요?

A

Sample Diary Entry

I have cans of sparkling water in my fridge. I used to drink a lot of beer, but decided to give up and instead drink water a lot these days.

내 냉장고에는 소다수 캔들이 들어 있다. 예전에는 맥주를 많이 마시곤 했지만, 요즘에는 맥주를 끊고 대신 물을 많이 마시기로 결심했다.

Words & Phrases

empty: 비어 있는
expired: 유통 기간이 지난
fully stocked: 충분히 비축해 둔, 꽉 찬
must-have: 필수품
freezer: 냉동고
vegetable drawer: 야채실

Memo

When do you feel happy?
언제 행복을 느끼나요?

A

Sample Diary Entry

I feel happy when people thank me. I always want to be helpful to others, and working with other people and being appreciated is a joy for me.

사람들이 나에게 고마워할 때 행복을 느낀다. 나는 항상 다른 사람에게 도움을 주고 싶고, 타인과 함께 일하면서 그들이 나에게 고마워하면 기쁘다.

Words & Phrases

content: 만족하는
overjoyed: 매우 기쁜
(be) over the moon: 매우 기뻐하는
blessed: 행운의, 행복한, 고마운
gratifying: 만족스러운, 흐뭇한, 기분 좋은
thankful: 고맙게 생각하는, 감사하는

Memo

 036

What is the most expensive item that you have on today?

오늘 당신이 걸치고 있는 것 중 가장 비싼 물건은 무엇인가요?

A

Sample Diary Entry

The most expensive item I have on today is my watch. This is a watch that my parents gave me, and I have worn it every day since then.

오늘 내가 걸치고 있는 것 중 가장 비싼 물건은 시계다. 이것은 부모님이 나에게 주신 시계로, 그 이후로 매일 차고 다닌다.

Words & Phrases

fashion-conscious: 유행에 민감한, 유행을 의식하는
craftsmanship: 손재주, 솜씨
tailor-made: 맞춤의, 주문 제작한
designer clothing: 유명 브랜드 의상
luxury brands: 고급 브랜드

Memo

Do you ever take a nap?
낮잠을 자나요?

Sample Diary Entry

Sometimes. There are days at work when I think it would be great to take a 15-minute "power nap," but there is just no place to take one.
가끔 잔다. 직장에서 15분쯤 단잠을 자면 좋겠다는 생각이 드는 날이 있지만, 그럴 만한 장소가 없을 뿐이다.

Words & Phrases

drowsy: 졸리는, 꾸벅꾸벅 조는
nap room: 낮잠을 잘 수 있는 방
coffee shop: 커피숍
bliss: 행복, 더없는 기쁨
close one's eyes: 눈을 감다
oversleep: 늦잠 자다

Memo

Do you visit anywhere often?
자주 방문하는 곳이 있나요?

A

Sample Diary Entry

I love soccer, so I visit soccer stadiums a lot. I visit various cities for matches and also enjoy the food in each region.

축구를 좋아해서 축구장에 자주 간다. 경기를 보러 여러 도시를 찾아가서 각 지역의 음식을 즐기기도 한다.

Words & Phrases

hangout: 단골로 가는 곳
crew: 동료, 무리, 일당
exciting: 자극적인, 흥분시키는, 설레게 하는
relaxing: 편안한, 마음을 느긋하게 하는
have healing powers: 치유 효과가 있다

Memo

Tell me what you did today.

오늘 무엇을 했는지 말해주세요.

Sample Diary Entry

I played golf today with friends from my university days. It was great weather, and although I didn't play very well, it was a great day!

오늘은 대학 시절의 친구들과 골프를 쳤다. 날씨도 좋았고, 골프를 잘 치지 못했지만, 아주 즐거운 하루였다!

Words & Phrases

nothing much: 대단하지 않은, 중요하지 않은
productive: 생산적인, 결실이 있는
fun-filled: 즐거움이 가득한
meet up with ~: ~와 만나다
get together with ~: ~와 만나다

040

Have you learned something new lately?

최근 새롭게 알게 된 것이 있나요?

A

Sample Diary Entry

I learned that children are aware of many things which we tend to think they haven't noticed. My kids quickly noticed if I had had a quarrel with my husband the previous night.

우리는 아이들이 알아차리지 못했다고 생각하지만, 실제로 아이들은 많은 것을 알고 있다는 점을 알았다. 우리 아이들은 내가 전날 밤에 남편과 싸웠는지를 금세 알아차렸다.

Words & Phrases

have no idea: 전혀 모르다
unaware: 모르는, 알아채지 못하는
much to one's surprise: 매우 놀랍게도
knowledge: 지식, 정보, 이해, 인식
fascinating: 매력적인, 흥미진진한

Memo

041

What is your favorite restaurant?
어떤 식당을 좋아하나요?

A

Sample Diary Entry

My favorite restaurant is a Korean traditional restaurant in Insa-dong. I go there a lot when friends from overseas come visit me.
나는 인사동에 있는 한국 전통 음식점을 좋아한다. 외국 친구들이 찾아오면 그곳에 자주 간다.

Words & Phrases

regular: 단골손님
customer: 고객, 소비자
frequent: 자주 가다, 자주 다니다
value for money: 가격에 합당한 가치
atmosphere: 분위기
delicious: 맛있는

Memo

042

Which means of transportation have you used today?

오늘 어떤 교통수단을 이용했나요?

A

Sample Diary Entry

I have only taken the subway train so far today. I am sure that the transportation system in Seoul must be one of the best in the world.

오늘은 지금까지 지하철만 이용했다. 나는 서울의 교통 체계가 세계 최고 수준일 거라고 확신한다.

Words & Phrases

take: (탈것에) 타다
subway: 지하철
bus: 버스
taxi: 택시
on foot: 도보로
convenient: 편리한

Memo

Q 043

Do you wear glasses or contact lenses?
안경이나 콘택트렌즈를 끼나요?

A

Sample Diary Entry

I wear contact lenses. I bought my first pair of contacts with my first paycheck when I was 24 years old. I have always hated wearing glasses.

나는 콘택트렌즈를 낀다. 24살 때 처음 받은 급여로 첫 콘택트렌즈를 샀다. 나는 항상 안경 쓰는 것을 싫어했다.

Words & Phrases

near-sighted: 근시의
far-sighted: 원시의
hard contact lens: 하드 콘택트렌즈
soft contact lens: 소프트 콘택트렌즈
disposable contact lens: 일회용 콘택트렌즈

Memo

Q 044

What do you do to relieve stress?

스트레스를 해소하기 위해 무엇을 하나요?

A

Sample Diary Entry

I love sitting in the sun and doing Sudoku puzzles. I also like to watch all the exciting new drama series that are on TV these days.

나는 햇볕을 쬐며 앉아서 스도쿠 퍼즐을 푸는 것을 좋아한다. 또한 최근 TV에서 새롭게 방영하는 재미있는 드라마를 전부 보는 것도 좋아한다.

Words & Phrases

do physical exercise: 육체적 운동을 하다
breathe deeply: 심호흡하다
sing out loud: 큰 소리로 노래 부르다
cleanse away ~: ~을 씻어내다
amusement park: 놀이공원
hot spring: 온천

Memo

045

Which part of your body do you like the most?

자신의 신체 중 가장 좋아하는 부분은 어디인가요?

A

Sample Diary Entry

I guess I like my brain the best, because it really is the most important part of the body. Brains make people who they are, and each one is different!

나의 두뇌를 가장 좋아하는 것 같다. 두뇌는 정말로 우리 몸에서 가장 중요한 부분이기 때문이다. 두뇌로 인해 우리는 어떤 사람인지가 결정되고, 각자가 다른 인격체로 존재할 수 있다!

Words & Phrases

(be) happy with ~: ~에 만족하는
confidence: 자신감
source of pride: 자랑거리, 자부심의 원천
take good care of ~: ~을 소중히 다루다
hereditary: 유전적인, 부모에게서 물려받은

Memo

When was your first love?

당신의 첫사랑은 언제였나요?

A

Sample Diary Entry

It was when I was just 11 years old. It was with an intelligent boy who had just joined our class. I kept my crush a secret, though.

내 첫사랑은 내가 고작 11살 때였다. 상대는 우리 반에 갓 전학 온 똑똑한 남자 아이였다. 하지만 나는 나의 짝사랑을 비밀로 간직했다.

Words & Phrases

if memory serves: 기억이 맞는다면
love at first sight: 첫눈에 반하다
steal one's heart: ~의 마음을 훔치다
break up with ~: ~와 헤어지다
classmate: 반 친구, 급우
childhood friend: 소꿉친구

Memo

Q 047

How much money is in your wallet now?

지금 지갑 안에 얼마가 들어 있나요?

A

Sample Diary Entry

I just went to the bank, so I have 30,000 won. I don't like getting too much money out at one time in case I lose it.

조금 전에 은행에 다녀와서 3만 원을 가지고 있다. 나는 잃어버릴 경우를 생각해서 한 번에 너무 많은 돈을 가지고 나가는 것을 꺼린다.

Words & Phrases

ATM card: 현금 카드
credit card: 신용카드
cash: 현금
just in case: 만일의 경우에, 만약을 위해서
(be) on a tight budget: 돈이 없는, 빈곤한
pay day: 급여 지급일, 월급날

Memo

Q 048

When was the last time you ate out?

언제 마지막으로 외식을 했나요?

A

Sample Diary Entry

Three hours ago. I eat out at lunchtime every day. I wonder how people can eat a boxed lunch every day. Don't they need a change of scenery?

세 시간 전이다. 나는 매일 점심은 밖에서 먹는다. 나는 사람들이 어떻게 매일 도시락을 먹는지 모르겠다. 그들은 기분을 전환할 필요가 없는 것일까?

Words & Phrases

eat in: 집에서 식사하다
(be) particular about food: 식성이 까다로운
fussy eater: 편식하는 사람
food additive: 식품 첨가물
organic produce: 유기농 농산물

Memo

Is there something you do for good luck?
행운을 얻기 위해서 하는 일이 있나요?

A

Sample Diary Entry

I try to get enough sleep. I find that if I feel well-rested, I will feel happy and good luck will come to me throughout the day.

잠을 충분히 자려고 노력한다. 충분한 휴식을 취하면, 기분도 상쾌해지고 행운이 온종일 나를 따라다닌다는 사실을 알게 됐다.

Words & Phrases

good fortune: 행운
follow a routine: 정해진 순서를 따르다
think positively: 긍정적으로 생각하다
clean out the toilet: 화장실을 청소하다
good-luck charm: 행운의 부적
four-leafed clover: 네잎 클로버

Memo

What is your favorite alcoholic drink?

어떤 알코올 음료를 좋아하나요?

A

Sample Diary Entry

I drink a lot of red wine at home these days. I tend not to drink it when I go out because it stains my teeth and makes me look like a vampire.

요즘 집에서 레드 와인을 많이 마신다. 밖에 나가면 와인을 잘 안 마시는데, 마시면 이가 붉게 물들어 흡혈귀처럼 보이기 때문이다.

Words & Phrases

sake: 사케(일본 정종)
distilled spirits: 증류주
brewery: 양조장
winery: 포도주 양조장
lightweight drinker: 술을 잘 못 마시는 사람
feel tipsy: 약간 취기가 돌다

Are you right-handed or left-handed?

당신은 오른손잡이인가요, 왼손잡이인가요?

A

Sample Diary Entry

I am left-handed. I didn't like being left-handed when I was at school, because I felt that I was different from my friends. But now I can view it as just part of who I am.

나는 왼손잡이다. 학교 다닐 때는 내가 친구들과 다른 것 같아서 왼손잡이인 것이 싫었다. 하지만 지금은 그것도 그저 나 자신의 일부라고 생각할 수 있게 되었다.

Words & Phrases

southpaw: 좌완 투수, (권투 등의) 왼손잡이 선수
have difficulty: 곤란을 느끼다
left-handed product: 왼손잡이용 제품
universal design: 유니버설 디자인(성별, 연령, 국적, 장애 유무 등에 상관없이 누구나 쉽게 쓸 수 있도록 설계된 디자인)
ambidextrous: 양손잡이의

052

Which do you prefer, meat or fish?

육류와 생선 중 어떤 것을 더 좋아하나요?

A

Sample Diary Entry

I prefer fish these days. I used to like meat, especially beef. But as I get older, I've started to notice how delicious grilled fish is.

요즘에는 생선을 더 좋아한다. 예전에는 육류, 특히 소고기를 좋아했다. 하지만 나이가 들면서 생선구이가 얼마나 맛있는지 알게 되었다.

Words & Phrases

red meat: 붉은 고기(소고기, 양고기, 돼지고기 등)
white meat: 흰살 고기(닭고기, 생선 등)
fish oil: 어유(魚油)
consumption: 음식 섭취
health benefit: 건강상의 이점
balanced diet: (영양을 고루 갖춘) 균형식

Memo

053

Do you remember the best compliment you ever received?

지금까지 받았던 최고의 칭찬을 기억하나요?

A

Sample Diary Entry

The best compliment I ever received was from the president of my company. It was a short message, but he stated his gratitude for my work.

지금까지 받았던 최고의 칭찬은 회사 사장님으로부터였다. 짧은 말이었지만, 그분은 내가 한 일에 대한 고마움을 말씀하셨다.

Words & Phrases

honored: 명예로운, 영광으로 생각하여
encouraging: 격려하는
touching: 감동적인
heartfelt: 마음에서 우러난, 진심 어린
kind: 친절한, 인정 많은
blush: 얼굴이 상기되다, 얼굴을 붉히다

Memo

054

When do you feel stressed?
언제 스트레스를 받나요?

A

Sample Diary Entry

When I cannot spend time on my own. Sometimes, I like to be alone and free to do anything I want to do. Restrictions on that time are stressful for me.

나만의 시간을 보내지 못할 때다. 가끔씩 나는 혼자 있고 싶고, 하고 싶은 일을 자유롭게 하기를 원한다. 그런 시간이 제약을 받으면 스트레스를 느낀다.

Words & Phrases

crowded: 붐비는, 혼잡한
(be) pressed for time: 시간에 쫓기는
(be) overwhelmed by ~: ~에 압도되는
have a quarrel with ~: ~와 싸우다
criticism: 비판

Memo

Has today been a special day or a regular day for you?

오늘은 당신에게 특별한 날이었나요, 아니면 일상적인 날이었나요?

A

Sample Diary Entry

Today has been a special day, because it is my birthday! Many of my friends got in touch to congratulate me. It was good to catch up with them.

오늘은 특별한 날이었다. 바로 내 생일이기 때문이다! 많은 친구들이 축하한다는 연락을 해왔다. 그들의 소식을 들을 수 있어서 좋았다.

Words & Phrases

ordinary: 일상적인, 보통의
extraordinary: 비범한
nothing out of the ordinary: 일상다반사
memorable: 기억할 만한, 인상적인
historic: 역사적인

Memo

Q 056

If you could fly, where would you go?
만약 날 수 있다면, 어디로 갈 건가요?

A

Sample Diary Entry

If I could fly, I would like to fly all around Jeju Island. The sight would be very different from what I see now and should be an amazing experience for me.

만약 날 수 있다면, 제주도를 여기저기 날아다니고 싶다. 지금 보는 것과는 전혀 다른 경치를 볼 수 있을 것이며, 그것은 나에게 놀라운 경험이 될 것이다.

Words & Phrases

wing: 날개
superhero: 슈퍼히어로
ascend: 오르다, 올라가다
exhilarating: 즐거운, 상쾌한
(be) scared of heights: 높은 곳을 무서워하는, 고소공포증이 있는

Memo

057

Do you have a favorite animated character?

좋아하는 애니메이션 캐릭터가 있나요?

A

Sample Diary Entry

My favorite animated character is Pororo. My parents gave me a Pororo plush toy when I was 3, and I have it in my room.

내가 좋아하는 애니메이션 캐릭터는 뽀로로다. 3살 때 부모님이 나에게 뽀로로 봉제 인형을 주셔서 아직도 내 방에 그 인형을 가지고 있다.

Words & Phrases

villain: 악당, 악역
cartoon: 만화
role model: 롤모델, 모범이 되는 사람
icon: 상징적인 존재, 우상, 아이콘
influential: 영향력 있는
beloved: 사랑받는

Memo

What is your goal for this month?

이번 달 목표는 무엇인가요?

A

Sample Diary Entry

My goal for this month is to lose weight. I put on weight during the winter, and I need to lose some before the summer begins!

이번 달 나의 목표는 살을 빼는 것이다. 겨울 동안 체중이 늘어서 여름이 시작되기 전에 살을 좀 빼야 한다!

Words & Phrases

achieve: 달성하다, 성취하다
stick to ~: ~에 전념하다, ~을 끝까지 해내다
make an effort: 노력하다
get ~ done: ~을 끝내다
to-do list: 할 일 목록
sense of accomplishment: 성취감

Memo

Q 059

Do you believe in love at first sight?
첫눈에 반하는 사랑을 믿나요?

A

Sample Diary Entry

I heard my parents fell in love at first sight, so I believe in it. They still admire each other so much even now.

우리 부모님이 첫눈에 사랑에 빠졌다고 들어서 나는 그런 사랑을 믿는다. 두 분은 지금도 여전히 서로를 아주 많이 사랑하신다.

Words & Phrases

instant: 즉시의, 즉석의
intuition: 직관, 직감
illusion: 착각, 환상
myth: 지어낸 이야기, 근거 없는 믿음, 신화
rare: 드문
true love: 진실한 사랑

Memo

 060

How much money have you spent today?

오늘 돈을 얼마나 썼나요?

A

Sample Diary Entry

I haven't spent much money today, as my client hosted a dinner for me. So I only paid for my lunch, which I took with my colleagues.

고객이 저녁 식사를 대접해줘서 오늘은 돈을 많이 쓰지 않았다. 그래서 동료들과 함께 먹은 점심값만 냈다.

Words & Phrases

overspend: 돈을 너무 많이 쓰다
extravagant: 낭비하는, 사치스러운
money well spent: 유익하게 쓰인 돈
wallet: 지갑
pay the bill for ~: ~의 값을 치르다
go shopping: 쇼핑하러 가다

Memo

Have you told any lies today?
오늘 거짓말을 했나요?

A

Sample Diary Entry

I have not told any lies today. But the other day, my dentist asked me if I had been flossing my teeth regularly. I told him I had, but that wasn't the truth.

오늘은 어떤 거짓말도 하지 않았다. 하지만 얼마 전 치과 선생님이 나에게 정기적으로 치실질을 하냐고 물어보셨다. 한다고 말했지만, 그건 사실이 아니었다.

Words & Phrases

white lie: 악의 없는 거짓말, 선의의 거짓말
spot a lie: 거짓말을 간파하다
liar: 거짓말쟁이
deceitful: 거짓의, 남을 속이는
honest: 정직한
(be) incapable of ~: ~을 할 수 없는

Memo

Q 062

How do you take your coffee? Black? White? With sugar?

커피를 어떻게 마시나요? 블랙? 우유를 넣어서? 설탕을 타서?

A

Sample Diary Entry

I usually take my coffee black. If it is good a quality coffee, I like to taste it as it is. However, if it's not very good, I put some milk in it.

커피는 보통 블랙으로 마신다. 품질이 좋은 커피일 경우 본연의 맛을 즐기는 것을 좋아한다. 하지만 품질이 별로 좋지 않으면 우유를 조금 넣는다.

Words & Phrases

grind: 갈다
café latte: 카페라떼
espresso: 에스프레소
cappuccino: 카푸치노
decaf: 카페인을 제거한, 카페인이 없는
soymilk: 두유

Memo

What is your life dream?

당신의 삶의 꿈은 무엇인가요?

A

Sample Diary Entry

My life dream is to own a hotel. I want to meet all kinds of people and provide a nice place for them to stay. I also hope it will make money.

내 삶의 꿈은 호텔을 소유하는 것이다. 나는 다양한 사람들을 만나고 싶고, 그들이 머무를 수 있는 멋진 장소를 제공하고 싶다. 그 일로 돈도 벌고 싶다.

Words & Phrases

pursue: 추구하다
desire: 간절히 바라다, 갈망하다
realize: 실현하다
strategy: 전략
preparation: 준비
odds: 승산, 확률

Memo

Do you believe in ghosts?
유령을 믿나요?

A

Sample Diary Entry

Not really, but I've had some scary experiences. I once thought a noise was coming from my closet. I thought it might have been a ghost, but I never found out what it was.

별로 믿지는 않지만, 무서운 경험을 한 적은 있다. 한 번은 옷장 안에서 소리가 나온다고 생각했다. 유령일지도 모른다고 생각했지만, 결국 무슨 소리인지 알아내지 못했다.

Words & Phrases

spiritual: 초자연적인, 영적인
haunted place: 유령이 나오는 곳
paranormal phenomenon: 초자연적인 현상
spooky: 유령이 나올 것 같은, 으스스한
be scared easily: 쉽게 겁먹다
encounter: 맞닥뜨리다, 우연히 만나다

Memo

065

What do you do to stay healthy?
건강을 유지하기 위해 무엇을 하나요?

A

Sample Diary Entry

I exercise for at least 30 minutes every day. I am also very careful about what I eat. I try to eat lots of vegetables and stay away from sweets.

매일 최소 30분 동안 운동한다. 먹거리에도 매우 신경을 쓰는 편이다. 채소를 많이 먹고 단것을 멀리하려고 노력한다.

Words & Phrases

eat right: 올바른 식사를 하다
weight control: 체중 조절
physical activity: 신체 활동
regular checkup: 정기 검진
quit smoking: 금연하다
sleeping habits: 잠버릇, 수면 습관

Memo

When was the last time you had a cold?

마지막으로 감기에 걸린 때가 언제인가요?

A

Sample Diary Entry

In January. The temperature dropped below freezing for a few days, and I had been spending a lot of time outside. I woke up with a fever.
1월이다. 며칠 동안 기온이 영하로 떨어졌는데, 야외에서 오랜 시간을 보냈다. 일어나니 열이 났다.

Words & Phrases

chronic: 만성인
sneezing: 재채기
have a runny nose: 콧물이 나다
get a flu shot: 독감 예방 주사를 맞다
outbreak: (전쟁 · 사고 · 질병 등의) 발발

Memo

067

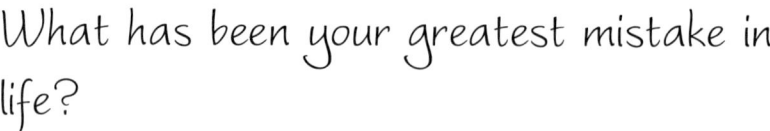

What has been your greatest mistake in life?

인생에서 가장 큰 실수는 무엇인가요?

A

Sample Diary Entry

My greatest mistake in life was not going to graduate school after university. I did well at university and could have obtained my master's. But it's OK. I'm happy now.

나의 가장 큰 실수는 대학 졸업 후 대학원에 가지 않은 일이다. 나는 대학교에서 잘한 편이어서 석사 학위도 받을 수 있었을 것이다. 하지만 괜찮다. 지금 나는 행복하다.

Words & Phrases

nightmare: 악몽 같은 경험
regret: 후회하다
adversity: 역경
bounce back from ~: (실패 등을) 딛고 일어서다
move forward: 앞으로 나아가다

Memo

Did anything tick you off today?

오늘 당신을 화나게 한 일이 있었나요?

A

Sample Diary Entry

I looked at my mobile phone bill and realized I did not get the discount I was supposed to be getting. I called the company and they apologized, but I am still angry.

휴대전화 요금 고지서를 보고, 받기로 되어 있던 할인을 받지 않았다는 사실을 알았다. 회사에 전화해서 사과를 받았지만, 아직 화가 풀리지 않았다.

Words & Phrases

traffic jam: 교통 체증
crowded subway train: 혼잡한 지하철
breach of manners: 예의에 어긋남
rudeness: 무례함, 버릇없음
selfishness: 이기주의
calm oneself down: 마음을 가라앉히다

Memo

 069

If you were to describe yourself in colors, which color would you be today?

자신을 색깔로 표현한다면, 오늘 당신은 어떤 색인가요?

A

Sample Diary Entry

My color today is red. I have a lot of energy, and I feel like getting out and doing something. I also feel kind of hot.

오늘 나의 색은 빨강이다. 기운이 넘쳐 밖에 나가 뭔가를 하고 싶은 기분이다. 그리고 약간 덥게도 느껴졌다.

Words & Phrases

cool color: 차가운 느낌을 주는 색
warm color: 따뜻한 느낌을 주는 색
intermediate color: 중간색
achromatic color: 무채색
reflect: 반영하다
mood: 기분, 심정

Memo

Is there anything that you think you couldn't live without?

'이것 없이는 살 수 없다'라는 생각이 들게 하는 것이 있나요?

A

Sample Diary Entry

I'm a little embarrassed to say this, but I don't think I could live without my smartphone. I use it all the time to communicate with friends and play games.

말하기가 약간 부끄럽지만, 스마트폰 없이는 살 수 없을 것 같다. 친구들과 연락하거나 게임을 하기 위해 스마트폰을 항상 사용한다.

Words & Phrases

material: 물질적인
emotional: 감정적인
essential: 불가결한, 필수의
must-have: 필수품
(be) bound by ~: ~에 얽매인
let go: 풀어주다, 자유롭게 해주다

Memo

Q 071

Are there any phrases or expressions that you tend to use frequently?

자주 쓰는 문구나 표현이 있나요?

A

Sample Diary Entry

The phrase I unintentionally use a lot is "on the other hand." This is because at my work we discuss things a lot and this phrase is useful when you're considering options.

본의 아니게 많이 쓰는 말은 '반면에'다. 우리는 회사에서 토론을 자주 하는데, 여러 선택지에 대해 고심할 때 이 말이 유용하기 때문이다.

Words & Phrases

pet phrase: 입버릇
colloquial: 구어체의, 구어의
idiom: 관용구
annoying: 짜증나는, 성가신
catch oneself -ing: 정신을 차리고 보니 ~하고 있다

Memo

What cheers you up no matter what?

언제든 당신을 기운 나게 하는 것은 무엇인가요?

A

Sample Diary Entry

Great food makes me happy, no matter how depressed I am. I love to eat, and good food is always a joy for me.

아무리 우울한 상태라도 맛있는 음식은 나를 행복하게 만든다. 나는 먹는 것을 좋아하고, 맛있는 음식은 항상 나에게 즐거움이 된다.

Words & Phrases

never fail to ~: 반드시 ~하다
cheerful: 유쾌한, 쾌활한
worthwhile: 가치 있는
unconditional: 무조건의
contribution: 기여, 공헌
self-acceptance: 자신을 받아들임, 자아 수용

073

Has anything made your heart skip a beat recently?

최근에 심장이 멎는 것 같았던 적이 있나요?

A

Sample Diary Entry

My heart skipped a beat the other day, when the person I have a crush on came up to me, just to tell me that he liked my new haircut.

얼마 전 내가 짝사랑하는 사람이 나에게 다가와서 심장이 멎는 것 같았다. 그는 그저 새로 자른 내 머리 모양이 예쁘다고 말하기 위해서 온 것이었다.

Words & Phrases

have a crush on ~: ~에게 반하다, ~을 짝사랑하다
gorgeous: 멋진, 매우 아름다운
cute: 귀여운, 멋진
heartthrob: 동경의 대상, 우상, 연인
secret admirer: 숨어 있는 팬, 몰래 흠모하는 사람

Memo

Do you have a favorite sports team?
좋아하는 스포츠 팀이 있나요?

A

Sample Diary Entry

I support the Korean national women's handball team. I once watched a movie based on the team and became a big fan of theirs.

나는 한국 국가대표 여자 핸드볼 팀을 응원한다. 나는 전에 그 팀을 바탕으로 한 영화를 보고 그들의 열혈팬이 되었다.

Words & Phrases

fanatic: 열광적인 지지자, 광신자
avid: 열심인, 열렬한
ever since ~: ~ 이후로 내내
used to ~: ~하곤 했다
professional team: 프로 팀
national team: 국가대표 팀

What would you name your child?

당신의 아이에게 어떤 이름을 지어줄 건가요?

A

Sample Diary Entry

I would pick a name for my child which is easily read by foreigners, such as Jenny or Jun. In that way he would be able to communicate easily in English.

나는 내 아이에게 Jenny나 Jun처럼 외국인들이 쉽게 읽을 수 있는 이름을 지어줄 것이다. 그래야 그 아이가 영어로 쉽게 소통할 수 있을 것이다.

Words & Phrases

name after ~: ~의 이름을 따서 이름 짓다
surname: 성(姓)
unusual: 특이한, 독특한
unconventional: 관습에 얽매이지 않는
sound: 소리

Memo

Q 076

If you were reincarnated, who would you like to come back as?

만약 환생한다면, 누구로 태어나고 싶나요?

A

Sample Diary Entry

If I were reincarnated, I would like to come back as a painter in the Renaissance Era in Italy. I would like to paint the ceiling of a famous cathedral.

만약 내가 환생한다면, 르네상스 시대 이탈리아의 화가로 다시 태어나고 싶다. 나는 유명한 대성당의 천장에 그림을 그려 보고 싶다.

Words & Phrases

great deeds: 위대한 업적, 숭고한 행위
go down in history: 역사에 남다
historical figure: 역사적 인물
revered figure: 존경받는 인물
celebrity: 유명인, 저명인사
gifted: 재능이 있는

Memo

Q 077

Are you suffering from any illnesses?
앓고 있는 병이 있나요?

A

Sample Diary Entry

I've suffered from migraine since I was a teenager, and it's especially bad when I don't get enough sleep. I regard the headaches as a barometer for my health.

나는 십 대 때부터 편두통을 앓고 있는데, 잠을 충분히 자지 못하면 증상이 특히 심해진다. 나는 두통을 나의 건강 상태를 나타내는 지표로 여긴다.

Words & Phrases

have a condition: 질환을 앓다
have a back problem: 요통을 앓다
allergy: 알레르기
get treatment: 치료를 받다
remedy: 치료법, 의약품
overcome: 극복하다

Memo

Do you fall asleep easily, or do you have trouble getting to sleep?

쉽게 잠드는 편인가요, 아니면 힘들게 잠드는 편인가요?

A

Sample Diary Entry

I can go to sleep very quickly. I especially fall asleep very quickly when I am traveling in a car or by subway train.

나는 아주 빠르게 잠들 수 있다. 차나 지하철로 이동을 할 때는 특히 더 빨리 잠든다.

Words & Phrases

toss and turn: (잠들지 못하여) 몸을 계속 뒤척이다
count sheep: 양을 세다
insomnia: 불면증
light sleeper: 잠을 얕게 자는 사람
heavy sleeper: 잠을 깊게 자는 사람

Memo

What do you think you will be doing around this time next year?

내년 이맘때쯤 당신은 무엇을 하고 있을 것 같나요?

A

Sample Diary Entry

Around this time next year, I hope to be working in a foreign country, such as the States. Working abroad should be a great experience for me.

내년 이맘때쯤 나는 미국 같은 외국에서 일하고 있기를 바란다. 외국에서 일하는 것은 나에게 멋진 경험이 될 것이다.

Words & Phrases

ambition: 야망, 야심
make plans: 계획을 세우다
if all goes well: 모든 일이 순조롭게 진행되면
come to fruition: 달성하다, 결실을 맺다
in the best-case scenario: 최고의 시나리오로는

080

Are you a soccer person or a baseball person?

당신은 축구파인가요, 야구파인가요?

A

Sample Diary Entry

I'm a football person. I used to live in England, so I prefer to call the sport football instead of soccer. Anyway it's a great sport that everyone can enjoy.
나는 축구파다. 예전에 영국에서 산 적이 있어서 '사커' 대신 '풋볼'이라고 부르는 것을 좋아한다. 아무튼 축구는 모든 사람이 즐길 수 있는 훌륭한 스포츠다.

Words & Phrases

team effort: 팀의 노력
achievement: 성취, 성과
skill: 기술
atmosphere: 분위기
ballpark: 야구장
stadium: 경기장, 스타디움

Memo

 081

What do you do when you want to focus?

집중하고 싶을 땐 무엇을 하나요?

A

Sample Diary Entry

When I want to focus, I go to the library. It's the quietest place I know as everyone there is reading or studying. It helps me concentrate.

집중하고 싶을 때 나는 도서관에 간다. 모든 사람이 책을 읽거나 공부를 하기 때문에 도서관은 내가 아는 곳 중 가장 조용한 장소다. 그곳은 내가 집중하는 것을 도와준다.

Words & Phrases

concentrate: 집중하다
ear plugs: 귀마개
shut out ~: ~을 차단하다
noise: 소음, 잡음
(be) alone: 혼자인
breathe deeply: 심호흡하다

Memo

Q 082

Do you have a place where you can feel calm?

차분함을 느낄 수 있는 장소가 있나요?

A

Sample Diary Entry

The park near my house. It has lots of trees and a nice stream with benches. Sometimes I sit there for hours just watching the water flowing by.

우리 집 근처 공원이다. 나무가 많고, 벤치가 놓여 있는 멋진 시내가 있다. 가끔 몇 시간씩 벤치에 앉아 물이 흘러가는 모습을 그저 바라보곤 한다.

Words & Phrases

sanctuary: 안식처, 성역, 보호 구역
secret hideout: 비밀 은신처
(be) surrounded by ~: ~로 둘러싸인
calming effect: 진정 효과
healing power: 치유 능력

Memo

Q 083

Is there anything that you simply cannot let slide?

쉽게 넘길 수 없는 것이 있나요?

A

Sample Diary Entry

If a friend is late for an appointment, I usually get angry about it. I always try to be on time, so I expect my friends to do the same. Time is valuable.

만약 친구가 약속에 늦으면 나는 대개 화를 낸다. 나는 항상 제시간을 맞추기 위해 노력하기 때문에 친구들도 그렇게 하기를 기대한다. 시간은 소중하다.

Words & Phrases

witness: 목격하다
encounter: 우연히 만나다
defy imagination: 상상할 수 없다
get annoyed: 짜증나다, 화나다
common sense: 상식
social convention: 사회 관습

Memo

084

What is your favorite soft drink?

좋아하는 청량음료는 무엇인가요?

A

Sample Diary Entry

My favorite soft drink is a grapefruit soda that I can buy at the imported food store near my house. It's not too sweet and very refreshing.

내가 좋아하는 청량음료는 집 근처 수입 식료품점에서 살 수 있는 자몽 탄산음료다. 너무 달지도 않고 아주 상큼하다.

Words & Phrases

diet soda: 다이어트 탄산음료
still drink: 탄산 성분이 없는 음료
sugary drink: 설탕이 든 음료
make a healthy choice: 건강에 좋은 선택을 하다

Memo

085

What condiments do you use with fried eggs?

달걀 프라이에 무슨 양념을 뿌려 먹나요?

A

Sample Diary Entry

Every time I eat a fried egg, I top it with salt, pepper, and a little Tabasco sauce. My brother puts ketchup on his eggs, but I don't like that.

달걀 프라이를 먹을 때 나는 항상 소금, 후추 그리고 타바스코 소스를 조금 뿌린다. 내 남동생은 달걀에 케첩을 뿌려 먹지만, 나는 케첩은 좋아하지 않는다.

Words & Phrases

soy sauce: 간장
Worcester sauce: 우스터 소스
yolk: (달걀의) 노른자
egg white: (달걀의) 흰자
(be) particular about ~: ~에 까다로운

Memo

What is your favorite country?

어느 나라를 좋아하나요?

A

Sample Diary Entry

I've only been to a few countries, but I would have to say Spain is my favorite. The buildings are so beautiful and the people have fun every day.

몇 나라밖에 가보지 못했지만, 스페인을 가장 좋아한다고 말해야 할 것 같다. 건축물이 너무 아름답고 사람들도 매일 즐거워 보였다.

Words & Phrases

(be) fond of ~: ~을 좋아하는
cuisine: (특정 국가나 지역 등의) 요리, 요리법
landscape: 경관, 풍경
national character: 국민성
safe place: 안전한 장소
holiday destination: 휴가 여행지

Memo

Do you like coffee or tea?
커피나 차를 좋아하나요?

A

Sample Diary Entry

I like coffee when I first wake up in the morning. But during the day, I prefer to drink tea. It's more relaxing, and the caffeine doesn't bother me as much.

아침에 일어나면 먼저 커피를 마시는 것을 좋아한다. 하지만 낮 동안에는 차를 마시는 것을 선호한다. 차는 마음을 편안하게 하고, 카페인 때문에 곤란할 일도 별로 없다.

Words & Phrases

brew: (커피나 차 등을) 끓이다
coffee maker: 커피 메이커, 커피 끓이는 기구
drip coffee: 드립 커피
herbal tea: 허브 차
at different times of a day: 하루 중 여러 경우에

Q 088

What do you hate being asked?

받기 싫은 질문은 무엇인가요?

A

Sample Diary Entry

I hate being asked if I am going to get married soon. Sometimes people think it's OK to ask such a personal question. Mind your own business!

조만간 결혼할 것인지를 묻는 질문을 싫어한다. 사람들은 가끔 그런 개인적인 질문을 해도 괜찮다고 생각한다. 본인들의 일에나 신경 썼으면 좋겠다!

Words & Phrases

(be) baffled: 당혹스러운, 난처한
pry into ~: ~을 캐다
personal affairs: 개인적인 일, 개인 사정
none of one's business: ~가 관여할 일이 아닌
have no right to ~: ~을 할 권리가 없다

Memo

Do you know in which country the World Cup will be held?

어떤 나라에서 월드컵 경기가 개최되는지 아시나요?

A

Sample Diary Entry

Yes, I do know. The World Cup will be held in Russia in 2018. I hope the Korean national soccer team does great!

안다. 월드컵은 2018년에 러시아에서 열릴 것이다. 나는 한국 국가대표 축구팀이 잘하기를 바란다!

Words & Phrases

host the Olympics: 올림픽을 개최하다
Paralympic Games: 패럴림픽(국제 장애인 올림픽)
Olympic legacy: 올림픽이 남긴 유산

Memo

Who do you look up to?

누구를 존경하나요?

A

Sample Diary Entry

I look up to my homeroom teacher from high school. He was always fair and helpful to his students. He was also a great teacher who gave us lots of good advice.

나는 고등학생 때의 담임 선생님을 존경한다. 선생님은 항상 학생들에게 공정하고 도움을 주셨다. 또한 좋은 조언을 많이 해주신 훌륭한 선생님이셨다.

Words & Phrases

have a lot of respect for ~: ~을 매우 존경하다
worthy of ~: ~할 가치가 있는
unpretentious: 잘난 체하지 않는
warm personality: 온화한 성품
person of character: 인격자

Memo

091

How many more days are there until New Year's Day?

새해 첫날이 되려면 며칠이 남았나요?

A

Sample Diary Entry

Roughly 240 days. In the next eight months, I hope to start working abroad, and I would like to spend New Year's Eve out of Korea.

대략 240일 정도 남았다. 남은 8개월 안에 나는 외국에서 일을 시작했으면 좋겠고, 새해의 전야는 한국 밖에서 보내고 싶다.

Words & Phrases

look forward to ~: ~을 고대하다, ~을 즐겁게 기다리다
a visit to one's ancestral grave : 성묘
New Year's gift money: 세뱃돈
family get-together : 가족 모임
childhood memories: 어린 시절의 추억

Q 092

How much do you have in savings?

저축은 얼마나 했나요?

A

Sample Diary Entry

I cannot tell you the exact amount. But as I'm planning to get married soon, I am saving in order to prepare for the wedding.

정확한 액수를 말할 수는 없다. 하지만 곧 결혼할 계획이라서 결혼식 준비를 위해 저축하고 있다.

Words & Phrases

bank account: 은행 계좌
nest egg: (미래를 위한) 저축
investment: 투자
life insurance: 생명 보험
(be) good with money: 절약하는
(be) bad with money: 낭비하는

Memo

093

Describe how your room looks right now.
지금 당신 방의 모습을 묘사해 주세요.

A

Sample Diary Entry

My room is very small, with my bed taking up most of the room. I only go back home to sleep, so it is not really a problem for me.

내 방은 아주 작아서 침대가 방의 대부분을 차지하고 있다. 나는 단지 잠을 자러 집에 돌아가기 때문에 그것이 나에게는 별 문제가 되지 않는다.

Words & Phrases

clean: 깨끗한
tidy: 정돈된, 깔끔한
cluttered: 어질러진, 어수선한
furniture: 가구
gadget: 작고 유용한 도구, 장치
interior design: 실내 장식

Memo

Q 094

Who is your favorite athlete?
좋아하는 운동선수는 누구인가요?

A

Sample Diary Entry

My favorite athlete is Stephen Curry, a famous basketball player. He is not very tall, but he scores a lot in every game he plays.
내가 좋아하는 운동선수는 유명 농구 선수인 스테판 커리다. 그는 키가 무척 크지는 않지만, 자신이 출전하는 매 경기에서 높은 득점을 올린다

Words & Phrases

superstar: 슈퍼스타
legendary: 전설의
the real deal: 실물, (존경할 만한) 존재
ethic: 윤리
statistics: 통계 자료
national hero: 국민적 영웅

Memo

What kind of person would you say you are?

자신이 어떤 사람이라고 말할 수 있나요?

A

Sample Diary Entry

I am a fairly cheerful person — at least I am when I get enough sleep and have a full stomach. I usually don't let little things bother me.

나는 꽤 쾌활한 사람이다. 적어도 잠을 충분히 자고 배가 부르면 그렇게 된다. 보통 작은 일에는 신경 쓰지 않는다.

Words & Phrases

down-to-earth: 현실적인, 건실한
energetic: 활동적인, 활기찬
fun-loving: 재미를 추구하는
outgoing: 사교적인
reclusive: 고독하게 사는, 은둔하는
shy: 수줍어하는, 부끄럼을 타는

Memo

Q 096

What word do you think could be this year's buzzword of the year?

어떤 단어가 올해의 유행어가 될 것 같나요?

A

Sample Diary Entry

I think one buzzword could be "Is this real?" Because so many unusual things are happening in everyday life, people tend to doubt reality.

"이거 실화냐?"가 하나의 유행어가 될 것 같다. 일상 생활에서 흔치 않은 일들이 너무나 많이 일어나고 있기 때문에 사람들은 현실을 의심하는 경향이 있다.

Words & Phrases

forgettable: 잊히기 쉬운
memorable: 기억할 만한
fad: 일시적 유행
as time goes by: 시간이 지날수록
vocabulary: 어휘

Memo

097

What do you find difficult to understand?

당신이 이해하기 힘든 것은 무엇인가요?

A

Sample Diary Entry

I find it difficult to understand how some people can treat others so cruelly. Do they not see them as fellow human beings? Everybody is equal!

어떤 사람들이 다른 사람들을 어쩌면 그렇게 잔인하게 대할 수 있는지 이해하기 힘들다. 다른 사람들은 자신들과 동일한 인간이라고 생각하지 않는 것일까? 모든 사람은 평등하다!

Words & Phrases

incomprehensible: 이해할 수 없는, 불가해한
mind-boggling: 깜짝 놀라게 하는, 난해한
each to one's own: 각자의 취향이 있는
values: 가치관
tolerance: 관용

Memo

What is your favorite book?

좋아하는 책은 무엇인가요?

A

Sample Diary Entry

My favorite book these days is "The Catcher in the Rye." It was published over 60 years ago, but it has a charm that attracts modern readers. Last night, I stayed up late because I couldn't put it down!

요즘 내가 좋아하는 책은 《호밀밭의 파수꾼》이다. 그 책은 60여년 전에 출간되었지만, 현대 독자들을 끌어들이는 매력을 가지고 있다. 어젯밤에 나는 그 책을 내려놓을 수 없어서 늦게까지 잠을 자지 않았다!

Words & Phrases

bestseller: 베스트셀러, 잘 팔리는 상품
a classic book: 고전(古典)
serve as a guideline for ~: ~의 지침이 되다
recommend: 추천하다
for entertainment: 오락을 위해

> Memo

Do you get hot easily or feel the cold easily?

더위를 잘 타나요, 아니면 추위를 잘 타나요?

A

Sample Diary Entry

I think I feel the cold more easily than I feel the heat. I am the last to complain about August's temperatures but the first to complain about February's.

나는 더위보다는 추위를 잘 타는 편이라고 생각한다. 8월의 기온에 대해서는 불평하지 않지만, 2월에는 불평이 절로 나온다.

Words & Phrases

(be) immune to ~: ~에 영향을 받지 않는
air conditioning: 에어컨 (장치)
heating: 난방
shiver: (추위 등으로 몸을) 떨다
feel chilled: 한기를 느끼다
sweat: 땀을 흘리다

Memo

Describe what you are wearing right now.

지금 어떤 옷을 입고 있는지 묘사해 주세요.

A

Sample Diary Entry

I am wearing a blue and black patterned tunic over shiny black leggings. I am wearing blue sandals because I have a blister on my heel and couldn't wear shoes today.

나는 반짝이는 검은색 레깅스 위에 파란색과 검은색 무늬가 들어간 튜닉을 입고 있다. 발뒤꿈치에 물집이 생겨 오늘은 구두를 못 신기 때문에 파란색 샌들을 신고 있다.

Words & Phrases

outfit: 의상, 복장
fabric: 천, 직물
clothing brand: 의류 브랜드
latest trend: 최신 유행
basic item: 기본 상품, 유행을 타지 않고 늘 잘 팔리는 상품
suit ~: ~에게 어울리다

 101

When do you feel most proud of yourself?

언제 자기 자신이 가장 자랑스럽게 느껴지나요?

A

Sample Diary Entry

I feel most proud of myself when I have finished all of my work for the day. Some days I don't get everything done and have to finish it the next day.

그날의 일을 다 끝냈을 때 나 자신이 가장 자랑스럽게 느껴진다. 어떤 날은 일을 다 끝내지 못해서 다음 날에 끝내야 할 때도 있다.

Words & Phrases

build self-worth: 자존감을 기르다
take pride in ~: ~에 자부심을 갖다
positive language: 긍정적인 언어
negative language: 부정적인 언어
feel good about ~: ~에 대해 기분이 좋다
accomplishment: 성과, 업적

Memo

Do you like your curry spicy, mild or medium-spicy?

매운 맛, 순한 맛, 중간 맛 중 어떤 카레를 좋아하나요?

A

Sample Diary Entry

I like my curry very spicy! In the past, I liked it mild. Then I gradually tried more and more spice. Now if it isn't very spicy, it has no flavor for me.

아주 매운 맛의 카레를 좋아한다! 예전에는 순한 맛을 좋아했다. 그러다 향신료를 점점 더 많이 넣어 먹게 되었다. 지금은 카레가 아주 맵지 않으면, 아무 맛이 안 나는 것 같다.

Words & Phrases

homemade: 집에서 만든
definitive: 결정적인
recipe: 요리법
ingredient: (요리) 재료
authentic: 진정한, 실제의
familiar taste: 익숙한 맛

Memo

Which kind of dwelling do you live in right now?

지금 어떤 집에서 살고 있나요?

A

Sample Diary Entry

I live in a medium-sized apartment with three rooms — a bedroom, a living room, and one is an extra room for my belongings. It also has a bath and small kitchen.

방이 세 개인 중간 크기의 아파트에서 살고 있다. 침실과 거실, 그리고 내 물건을 보관하는 방이 하나 더 있다. 욕실과 작은 주방도 있다.

Words & Phrases

shared house: 셰어하우스(집 한 채를 여러 사람이 나눠 쓰는 집)
dorm: 기숙사
company housing: 사택(社宅), 직원 숙소
high-rise apartment building: 고층 아파트
condominium: 분양 아파트

 **104**

Do you think you are tall or short?

본인이 키가 크다고 생각하나요, 아니면 작다고 생각하나요?

A

Sample Diary Entry

I think I am pretty tall for my age. I know that in the U.S. I wouldn't be considered tall, but in Korea I am taller than average.

나이에 비해서는 꽤 크다고 생각한다. 미국에서는 크다고 할 수 없겠지만, 한국에서는 평균보다 더 크다.

Words & Phrases

the average height of ~: ~의 평균 신장
medium built: 보통 체격의
tall and lean: 키가 크고 마른
sturdy in build: 체격이 건장한
slightly built: 가냘픈 체격의
take after ~: (특히 부모를 닮은 경우) ~을 닮다

Memo

What are your strengths?

자신의 장점은 무엇인가요?

A

Sample Diary Entry

My strengths are my ability to stay organized, plan my schedule, and to notice detail. These help me in my work as an editor and writer.

나의 장점은 생각을 잘 정리하고, 일정을 세우고, 세세한 부분까지 알아차리는 능력이다. 이 능력들은 내가 편집자이자 작가로서 일하는 데 도움이 된다.

Words & Phrases

trustworthy: 신뢰할 수 있는
disciplined: 규율을 지키는, 자제력이 있는
good communication skills: 뛰어난 의사소통 능력
strong problem solver: 문제를 잘 해결하는 사람

Memo

Do you have an item that you carry with you at all times?

항상 가지고 다니는 물건이 있나요?

A

Sample Diary Entry

The one item I carry with me at all times is the photo of my family. When I am stressed at work, I always take out the photo, look at the lovely faces of my family, and get the strength to keep on working.

내가 항상 지니고 다니는 물건 중 하나는 나의 가족 사진이다. 나는 회사에서 스트레스를 받을 때면 언제나 사진을 꺼내어 가족들의 사랑스러운 얼굴을 보고, 계속해서 일할 수 있는 힘을 얻는다.

Words & Phrases

health insurance card: 건강보험증
driver's license: 운전면허증
makeup bag: 화장품 파우치
indispensable: 불가결한, 없어서는 안 될
dear to ~: ~에게 소중한
no matter what: 비록 무슨 일이 있더라도

Memo

Q 107

Do you have someone you could call your best friend?

가장 친한 친구라고 부를 수 있는 사람이 있나요?

A

Sample Diary Entry

My best friend from the middle school is still my best friend today. He knows me better than anyone else. I can call him and talk to him about anything.

중학생 때 가장 친했던 친구가 지금도 여전히 가장 친한 친구다. 그는 나에 대해 누구보다 잘 알고 있다. 나는 그에게 전화해서 어떤 이야기든 다 할 수 있다.

Words & Phrases

get along well: 사이좋게 지내다, 마음이 맞다
hit it off with each other: 사이좋게 지내다, 마음이 맞다
lose touch with ~: ~와 연락이 끊기다
stay in touch: 연락을 유지하다
ups and downs: 기복, 부침(浮沈)
can be oneself: 원래 모습대로 있을 수 있다

Memo

Have you had any memorable encounters lately?

최근에 기억에 남을 만한 만남이 있었나요?

A

Sample Diary Entry

Last week in the park, I met a woman who works for Singapore embassy. She was fun to talk to and invited me to an event next week.

지난주 공원에서 싱가포르 대사관에서 일하는 여성을 만났다. 그녀는 말도 재밌게 했고, 다음 주 행사에 나를 초대했다.

Words & Phrases

impressive: 인상적인
by chance: 우연히, 뜻밖에
unexpected: 예상 밖의, 뜻하지 않은
inevitability: 필연성
destined: ~할 운명인
acquaintance: 아는 사람, 지인

Memo

Q 109

Are you a perfectionist or fairly easygoing?

당신은 완벽주의자인가요, 아니면 꽤 느긋한 사람인가요?

A

Sample Diary Entry

I'm fairly easygoing. No one can ever be perfect, so it's best to just do as well as you can. Striving for perfection will only lead to disappointment.

나는 꽤 느긋하다. 그 누구도 완벽할 수 없으니 그저 할 수 있는 만큼 하는 것이 최선이다. 완벽하려고 애써 봐도 결국은 실망할 뿐이다.

Words & Phrases

meticulous: 꼼꼼한, 세심한
rigid: 융통성이 없는
flexible: 유연한
laid-back: 마음 편한, 느긋한
lenient: 관대한, 인정이 많은
tend to be ~: ~인 경향이 있다

Q 110

Which do you prefer, rainy days or sunny days?

비 오는 날과 맑은 날 중 어떤 날을 더 좋아하나요?

A

Sample Diary Entry

I prefer sunny days because I can go out and do anything I want. Of course, we need rain for flowers to grow, but it limits the activities I can do.

밖에 나가 하고 싶은 일을 무엇이든 할 수 있기 때문에 맑은 날을 더 좋아한다. 물론 꽃이 자라기 위해서는 비가 필요하지만, 비는 내가 할 수 있는 활동을 제한한다.

Words & Phrases

under the sun: 태양 아래에서, 이 세상에서
bask in the sun: 햇볕을 쬐다
ultraviolet rays: 자외선
gardening: 원예
blessed rain: 은혜로운 비, 단비
drought: 가뭄

Memo

111

Are there any challenges you would like to have a go at one day?
언젠가 도전해 보고 싶은 일이 있나요?

A

Sample Diary Entry

One day I would really like to start my own business. I would probably start a design company. I would like to know how it feels to be my own boss.
언젠가 꼭 내 사업을 시작해 보고 싶다. 아마도 디자인 회사를 시작할 것이다. 나는 누구의 통제도 받지 않고 일하는 것이 어떤 기분인지 알고 싶다.

Words & Phrases

aspiration: 열망, 야심
a purpose in life: 삶의 목적
daring: 용감한, 대담한
wait for the right moment: 적절한 때를 기다리다
when the time comes: 때가 되면

Q 112

When you were a child, what did you want to be when you grew up?

어린 시절, 어른이 되면 무엇이 되고 싶었나요?

A

Sample Diary Entry

When I was a child, I wanted to be a pilot. I have always had an interest in airplanes. Being able to fly an airplane is still a dream of mine.

어릴 때 나는 조종사가 되고 싶었다. 나는 항상 비행기에 관심이 많았다. 비행기를 조종할 수 있는 것은 여전히 나의 꿈이다.

Words & Phrases

have a lifelong dream: 평생의 꿈을 가지다
(be) dead-serious: 매우 진지한
consistently: 일관하여, 지속적으로
fulfill: 실현하다
become a reality: 실현되다
one day: 언젠가

Memo

113

What time is it?

지금 몇 시인가요?

A

Sample Diary Entry

Right now it is 12 p.m. in the daytime. There is a nice spring breeze coming through my open window. Today is a holiday, so perhaps I will take a nap.

지금은 낮 12시다. 열어둔 창문을 통해 기분 좋은 봄바람이 들어온다. 오늘은 휴일이라서 아마도 낮잠을 잘 것 같다.

Words & Phrases

time to ~: ~할 시간
in the early hours of the morning: 이른 아침 시간에
noon: 정오
in the afternoon: 오후에
midnight: 한밤중, 자정

Are you a positive or negative thinker?

당신은 긍정적으로 생각하나요, 아니면 부정적으로 생각하나요?

A

Sample Diary Entry

I like to think that I am a positive thinker. In order to be productive and get things done, I try to always focus on the positive side of life.

나는 내가 긍정적으로 사고하는 사람이라고 생각하고 싶다. 성과를 내고 일을 완수하기 위해서 나는 항상 인생의 긍정적인 측면에 집중하려고 노력한다.

Words & Phrases

dwell on ~: ~을 곰곰이 생각하다, ~을 숙고하다
hold a grudge: 원한을 품다
upbeat: 낙관적인, 긍정적인
move on: (다음 일·주제로) 넘어가다, 기분을 전환하다
fall somewhere in between: 중간에 위치하다

Memo

Is there anything that you should have done today?

오늘 했어야 했던 일이 있나요?

A

Sample Diary Entry

I should have dropped off my clothes at the dry cleaners today. Now I might have to wear a dirty shirt to work tomorrow. I am a bit upset.

오늘 세탁소에 옷을 맡겼어야 했다. 이제 나는 내일 회사에 지저분한 서츠를 입고 가야 할지도 모른다. 조금 속상하다.

Words & Phrases

work out: 운동하다
make a phone call: 전화를 걸다
get a haircut: 머리를 자르다, 이발하다
finish: 끝내다, 마무리 짓다
take care of ~: ~을 처리하다
household chore: 집안일

Do you have any rules that you follow in your daily life?

일상생활에서 지키는 자신만의 규칙이 있나요?

A

Sample Diary Entry

I always try to arrive at meetings on time. I hate being late. I think this is one of the most important rules to follow in order to be successful.

나는 항상 회의에는 제시간에 도착하려고 노력한다. 나는 지각하는 것을 싫어한다. 이것은 성공하기 위해 지켜야 할 가장 중요한 규칙 중 하나라고 생각한다.

Words & Phrases

weird: 이상한, 기묘한
(be) particular about ~: ~에 까다로운
cannot help doing: ~하지 않을 수 없다
maintain good personal hygiene: 청결한 개인 위생 상태를 유지하다
say thank you: 고맙다고 말하다

Memo

117

Are you forgetful, or do you have a good memory?

당신은 잘 잊어버리는 편인가요, 아니면 기억력이 좋나요?

A

Sample Diary Entry

I tend to be forgetful when it comes to my personal life. I sometimes forget that I've arranged to drink with a friend, or have dinner with a colleague.

사생활에 관한 한 잘 잊어버리는 편이다. 나는 가끔 친구와의 술자리 약속이나 동료와의 저녁 식사 약속을 잊어버린다.

Words & Phrases

recollect: 생각해내다, 회상하다
have a photographic memory: 기억력이 정확하다
never forget a face: 얼굴을 절대 잊지 않다
keep reminding oneself: 자신에게 계속 상기시키다
total oblivion: 완전히 잊고 있는 상태

Q 118

Are you sweet-toothed, or are you into spicy food?

단것을 좋아하나요, 아니면 매운 음식을 좋아하나요?

A

Sample Diary Entry

I definitely prefer spicy food over sweet food. Mexican food is my favorite. Some of my friends think it's too spicy, but I think it's perfect!

나는 확실히 단 음식보다 매운 음식을 더 좋아한다. 나는 멕시코 음식을 좋아한다. 내 친구들 중 몇몇은 그 음식이 너무 맵다고 하지만, 나는 완벽한 음식이라고 생각한다!

Words & Phrases

sugary: 설탕이 든
confectionery: 과자류
craving for ~: ~에 대한 갈망
(be) addicted to ~: ~에 중독된
cannot stand: 참을 수 없다
savory: 맛있는, 풍미 있는

119

What has been the biggest news of the day?

오늘의 가장 큰 뉴스는 무엇이었나요?

A

Sample Diary Entry

The biggest news today was hearing that my co-worker is sick. I hope she gets better soon. There seems to be flu going around now.

오늘의 가장 큰 뉴스는 회사 동료가 아프다는 소식이었다. 나는 그녀가 빨리 낫기를 바란다. 요즘은 독감이 유행하는 것 같다.

Words & Phrases

peaceful: 평화로운, 평온한
upsetting: 속상하게 하는, 마음을 어지럽히는
unfortunately: 불행하게도, 유감스럽게도
luckily: 운 좋게, 다행히
no news is good news: 무소식이 희소식

Memo

Do you have any worries right now?

지금 어떤 걱정거리가 있나요?

A

Sample Diary Entry

My biggest concern is whether I will be able to complete my new project at work. We have to finish all of the tasks in one week. It is crunch time at work.

가장 큰 걱정거리는 회사에서 맡은 새 프로젝트를 끝낼 수 있을까 하는 문제다. 우리는 일주일 안에 모든 일을 끝내야 한다. 회사에서 바짝 일해야 하는 시기다.

Words & Phrases

anxious: 걱정하는, 염려하는
(be) consumed by ~: ~로 머릿속이 가득한
have something on one's mind: 걱정거리가 있다
look on the bright side of life: 인생의 긍정적인 면을 보다, 인생을 낙관하다

Memo

Do you have any habits?
어떤 버릇이 있나요?

A

Sample Diary Entry

One of my habits is biting my nails. I do it most when I'm nervous, but sometimes I just find myself doing it for no reason. I want to stop but I can't!

내 버릇 중 하나는 손톱을 물어뜯는 것이다. 초조할 때 제일 심하지만, 가끔은 아무 이유 없이도 그러고 있는 자신을 발견하기도 한다. 멈추고 싶지만 잘 안 된다!

Words & Phrases

bad habit: 나쁜 버릇
annoying: 짜증나는, 성가신
point out: 지적하다
(be) aware of ~: ~을 알고 있는
try to ~: ~하려고 하다
quit: 그만두다

Q 122

Do you like your hair permed or straight?

머리를 파마하고 싶나요, 생머리를 하고 싶나요?

A

Sample Diary Entry

I prefer my hair straight. Perming my hair takes too much time. It's also expensive. But I do change my hairstyle every few months to keep it interesting.

나는 생머리를 더 좋아한다. 머리를 파마하려면 너무 많은 시간이 걸린다. 더구나 비싸기도 하다. 하지만 재미를 위해 몇 개월에 한 번씩 헤어스타일을 바꾼다.

Words & Phrases

hair salon: 미용실
every ~ weeks: ~주마다
curly: 곱슬곱슬한, 동그랗게 말린
volume: 볼륨, 부피
fine hair: 가느다란 머리카락
perm chemical: 파마 약

Memo

Q 123

Which do you prefer, the oceans or mountains?

바다와 산 중 어느 쪽을 더 좋아하나요?

A

Sample Diary Entry

I prefer the beach. It's nice to relax in the countryside, but the beach has water and waves that we can play in. I like to get a suntan, too.

나는 바닷가를 더 좋아한다. 시골에서 쉬는 것도 좋지만, 바다에는 우리가 들어가 놀 수 있는 물과 파도가 있다. 선탠을 하는 것도 좋아한다.

Words & Phrases

hands-down: 확실한
scenery: 풍경, 경관
take a dip: 잠깐 수영을 하다
seaside resort: 해수욕장, 해안 피서지
mountain trail: 산길
highland: 고원, 고지

Memo

Is there anybody you like right now?

지금 좋아하는 사람이 있나요?

A

Sample Diary Entry

One of the guys in my economics class is really interesting and handsome. He always asks the best questions. And he has a really nice smile.

경제학 수업을 함께 듣는 남학생 중 한 명이 아주 재미있고 잘생겼다. 그는 항상 최고의 질문을 한다. 그리고 그의 미소는 매우 멋지다.

Words & Phrases

one's type: 좋아하는 유형
find ~ attractive: ~을 매력적이라고 생각하다
cannot stop thinking about ~: ~에 대한 생각을 멈출 수 없다
(be) head over heels for ~: ~에게 푹 빠진
single: 독신의, 애인이 없는

Memo

What do you intend to do tomorrow?
내일 무엇을 할 예정인가요?

A

Sample Diary Entry

Tomorrow I'm going to clean my room. I'm going to get rid of all the things I don't need, and take clothes I don't wear to the secondhand store.

내일 내 방을 청소할 예정이다. 필요 없는 물건은 모두 버리고, 입지 않는 옷은 중고품 가게에 가져갈 것이다.

Words & Phrases

have a tight schedule: 일정이 빡빡하다
procrastinate: (해야 할 일을) 질질 끌다, 미루다
have nothing special to do: 특별히 할 일이 없다

Memo

Are you sleepy right now?
지금 졸리나요?

A

Sample Diary Entry

Yes, I am very, very sleepy. I stayed up late last night watching old 1990s cartoons. Today I have to finish a report, but I can't concentrate!

그렇다. 아주 많이 졸리다. 1990년대의 옛날 만화를 보느라 어젯밤에 늦게까지 잠을 안 잤다. 오늘 보고서를 끝내야 하는데 집중할 수가 없다!

Words & Phrases

drowsy: 졸리는, 꾸벅꾸벅 조는
hardly: 거의 ~이 아니다
a wink of sleep: 한숨, 잠깐 동안의 잠
sleep like a log: 푹 자다, 숙면을 취하다
get one's beauty sleep: (미용을 위해) 일찍 자다

Memo

Which do you prefer, bread or rice?

빵과 밥 중 어느 쪽을 더 좋아하나요?

A

Sample Diary Entry

I prefer rice. Bread is good for sandwiches or at hotels in the morning. But because I am a Korean, I have eaten rice since I was young. It's part of my culture.

밥을 더 좋아한다. 빵은 샌드위치나 호텔 조식에 나오는 것이라면 좋다. 하지만 나는 한국인이라서 어릴 적부터 밥을 먹었다. 우리 문화의 일부이다.

Words & Phrases

gluten: 글루텐
digestion: 소화
brown rice: 현미
whole-grain: (배아·껍질 등을 제거하지 않은) 전립(全粒)의, 정백하지 않은
tasty: 맛있는
depend on ~: ~에 의해 결정되다

Tell me your favorite proverb.
좋아하는 속담을 말해주세요.

A

Sample Diary Entry

"Better late than never!" I don't always get things done on time. But I do my best on everything I do. So I appreciate it when people can wait.

"늦더라도 안 하는 것보다는 낫다!" 나는 항상 일을 제때에 끝내지는 못 한다. 그러나 내가 하는 모든 일에 최선을 다한다. 그래서 사람들이 기다려줄 때 고마움을 느낀다.

Words & Phrases

source: 출처, 출전
much-quoted: 많이 인용되는
ancient saying: 옛날 격언
inspiring: 고무하는, 격려하는
motivational: 의욕을 북돋우는
universal: 만인의, 전 세계의

Memo

 129

Did anything make your heart beat faster recently?

최근에 당신의 심장을 빨리 뛰게 한 일이 있었나요?

A

Sample Diary Entry

Recently I went to a theme park. They had a roller coaster that goes upside-down and around a big loop. My friend convinced me to ride it, and it was really scary!

얼마 전에 테마파크에 갔다. 위아래가 뒤집혀 큰 원을 따라 달리는 롤러코스터가 있었다. 친구가 설득해서 그것을 탔는데, 정말 무서웠다!

Words & Phrases

anxiety: 고민, 걱정거리
relief: 안도, 안심
excitement: 흥분
thrill: 전율, 오싹함, 흥분
unexpected: 예상 밖의, 생각지 않은
kindness: 친절한 행위, 다정함

Memo

Q 130

Are you looking forward to anything?
뭔가 기대하고 있는 것이 있나요?

A

Sample Diary Entry

I'm looking forward to the new album by my favorite singer. He put out a single album last year, and it was a great hit. The album comes out in three months.

내가 좋아하는 가수의 새 앨범을 기대하고 있다. 그는 작년에 싱글 앨범을 발표했는데, 대단한 히트를 쳤다. 앨범은 세 달 후에 나온다.

Words & Phrases

class reunion: 동창회
anniversary: 기념일
a weekend getaway: 주말 여행
opening: 개시, 개점, 초연
arrival: 도착
bonus: 상여금, 보너스

Memo

Q 131

What was your childhood dream?

어릴 적 꿈은 무엇이었나요?

A

Sample Diary Entry

I wanted to travel all around the world and have many adventures. The thought of getting married and staying in one place all my life used to terrify me.

나는 전 세계를 여행하면서 많은 모험을 해보고 싶었다. 결혼해서 평생을 한 곳에서 살게 되는 것을 두려워했다.

Words & Phrases

think big: 크게 생각하다
chase one's dreams: 자신의 꿈을 쫓다
believe in ~: ~을 믿다
determination: 결심, 결의
realistic: 현실적인
viable: 실행 가능한

Memo

What do you think is the greatest movie of all time?

역사상 최고의 영화는 무엇이라고 생각하나요?

A

Sample Diary Entry

I love "The Sound of Music." I saw it when I was very young, and it made a big impression on me. I still cry when I see it.

나는 〈사운드 오브 뮤직〉을 매우 좋아한다. 아주 어릴 적에 봤는데, 그 영화는 나에게 깊은 인상을 주었다. 그것을 볼 때면 나는 아직도 눈물을 흘린다.

Words & Phrases

top-notch: 일류의, 최고의
screenplay: 각본
camerawork: 촬영 기법
performance: 연기
film director: 영화 감독
box office: 흥행 성적, 매표소

Do you have any memories that make you blush?

얼굴을 빨개지게 만드는 기억이 있나요?

A

Sample Diary Entry

Of course, I do. Two years ago, I went Switzerland for sightseeing. The scenery was so beautiful that I didn't realize that my fly was open all day long. Lots of people may have checked the color of my underwear.

물론 있다. 나는 2년 전에 스위스로 관광을 갔다. 경치가 너무 아름다워서 하루 종일 지퍼가 열려 있다는 사실을 깨닫지 못했다. 아마도 많은 사람들이 내 속옷 색깔을 확인했을 것이다.

Words & Phrases

embarrassed: 부끄러운, 겸연쩍은
regret: 후회하다
it is no use -ing: ~해도 소용이 없다
try not to ~: ~하지 않으려고 하다
look back: (과거의 일을) 되돌아보다

Do you have a poker face, or can people tell what you're thinking?

당신은 포커페이스를 가지고 있나요, 아니면 당신이 무엇을 생각하는지 사람들이 알 수 있나요?

A

Sample Diary Entry

My face is usually very readable. But if someone is trying to upset me, I am pretty good at keeping a calm expression just to annoy that person.

평소 내 표정은 아주 읽기 쉽다. 하지만 누군가가 나를 화나게 하려 할 때는, 단지 그 사람을 화나게 하고 싶어서 꽤 능숙하게 차분한 표정을 유지한다.

Words & Phrases

honest: 정직한
straightforward: 솔직한, 쉬운
open book: 알기 쉬운 사람
expressive: 표정이 풍부한
mysterious: 신비한, 불가사의한
unfathomable: 헤아릴 수 없는

Memo

Has anything made you cringe lately?

최근 당신을 움츠러들게 한 일이 있나요?

A

Sample Diary Entry

At my last job, one of my co-workers used to yell at the salespeople. It used to make me cringe so much that I would have to leave the room.

이전 직장에서 동료 중 한 명이 판매원들에게 고함을 치곤 했다. 그러면 나는 무척이나 움츠러들어서 사무실에서 나와야 할 정도였다.

Words & Phrases

horrible: 무례한, 불쾌한, 끔찍한
feel uncomfortable: 마음이 불편하다
make the hair stand up: 머리카락이 쭈뼛 서게 하다, 소름 끼치게 하다
feel strongly about ~: ~에 대해 강렬하게 느끼다
unfortunate: 유감스러운, 불행한, 한탄스러운

Memo

How many more days are there until Christmas?

크리스마스가 되려면 며칠이 남았나요?

A

Sample Diary Entry

I don't really celebrate Christmas anymore. It used to be such a big event for me when I was younger, but I no longer have the enthusiasm for it.

나는 더 이상 크리스마스를 기념하지 않는다. 어릴 적에는 크리스마스가 아주 중요한 행사였지만, 이제 더는 열정이 없다.

Words & Phrases

fond memories: 행복한 기억
excited: 흥분한, 들뜬
white lie: 악의 없는 거짓말, 선의의 거짓말
suspect: 의심하다, 어렴풋이 알다
preparation: 준비
family reunion: 가족 모임

Memo

Have you ever run a full marathon?

풀코스 마라톤을 뛰어본 적이 있나요?

A

Sample Diary Entry

No, I haven't. But I will definitely run a full marathon before I reach 50. These days, I run my neighborhood every time I come home. After I sweat a lot, I feel quite refreshed.

아니, 없다. 하지만 나는 50살이 되기 전에 반드시 풀코스 마라톤을 뛸 것이다. 요즘 나는 집에 돌아오면 항상 우리 동네를 달린다. 땀을 쭉 흘린 후에는 기분이 상쾌해진다.

Words & Phrases

resolution: 결의, 결심
commitment: 몰두, 전념
confidence: 자신감
have cramps: 위경련을 앓다
blister: 물집, 수포
cardio exercise: 유산소 운동

Who do you turn to when you need some advice?

조언이 필요할 때 누구에게 의지하나요?

A

Sample Diary Entry

The first person I turn to is always my husband, who always gives great advice. He knows me the best, so he knows what's best for me.

내가 첫 번째로 의지하는 사람은 언제나 남편이다. 그는 항상 훌륭한 조언을 해준다. 남편은 나를 가장 잘 알기 때문에, 무엇이 나에게 가장 좋은지도 안다.

Words & Phrases

sound advice: 적절한 조언
offer someone a friendly ear: 친절하게 이야기를 들어주다
keep ~ to oneself: ~을 비밀로 간직하다, ~을 마음속에 숨겨두다
on one's own: 혼자서, 혼자 힘으로

Memo

Are you in love?
사랑에 빠졌나요?

A

Sample Diary Entry

Yes, I am! Happily, it is with my husband. Now I can't believe how madly in love I was with some of my former boyfriends. What did I see in them?

그렇다. 나는 사랑에 빠졌다! 행복하게도 남편과 말이다. 지금 나는 예전에 사귀었던 몇 명의 남자 친구들을 어떻게 그렇게 사랑할 수 있었는지 믿기 힘들다. 그들에게서 어떤 점을 봤던 것일까?

Words & Phrases

fall for ~: ~에게 반하다
(be) head over heels for ~: ~에게 푹 빠진
affection: 애정
admire ~ from afar: 멀리서 ~을 칭찬하다
become a fan of ~: ~의 팬이 되다

Memo

If you could live anywhere, where would you like to live?

만약 어디서든 살 수 있다면, 어디에서 살고 싶나요?

A

Sample Diary Entry

I would like to live somewhere beautiful and warm, like southern Spain or Italy. But I think living in a place with good friends around is most important.

나는 스페인 남부나 이탈리아처럼 아름답고 따뜻한 곳에서 살고 싶다. 하지만 주위에 좋은 친구들이 있는 곳에서 사는 것이 가장 중요하다고 생각한다.

Words & Phrases

bayside: 만 근처의
beachfront: 해변의
abroad: 해외에서
suburb: 교외
central location: 중심지
large yard: 넓은 마당

 141

Who was the last person you contacted?

가장 최근에 연락한 사람은 누구인가요?

A

Sample Diary Entry

The last person I contacted was my mother. I noticed that she hadn't texted me recently, so I called her to see if she was OK. She said everything was fine.

내가 가장 최근에 연락한 사람은 어머니다. 어머니가 요즘 나에게 문자 메시지를 보내지 않으셨다는 걸 알고 잘 지내고 계신지 확인하고자 전화했다. 어머니는 잘 지내고 계신다고 말씀하셨다.

Words & Phrases

make an appointment: (만날) 약속을 하다
email: 이메일을 보내다
call back: 다시 전화하다
for the first time in ages: 오랜만에
eagerly: 열심히, 간절히

Is there anything that you are glad to have bought?

사길 잘했다고 생각하는 것이 있나요?

A

Sample Diary Entry

I am glad I bought my coffee maker. It grinds coffee beans and brews the coffee automatically. I can always have a fresh cup every morning, just how I like it.

커피 메이커를 산 것이 만족스럽다. 그것은 자동으로 커피콩을 갈아 커피를 내려 준다. 매일 아침마다 항상 신선한 커피를 마실 수 있어서 너무 좋다.

Words & Phrases

household item: 가정용품
clothing item: 의류품
stationery: 문구류
make life easier: 생활에 여유를 주다, 삶을 편하게 해주다
attachment: 애착

 **143**

Tell me your must-have winter items.
당신의 겨울 필수품을 말해 주세요.

A

Sample Diary Entry

My must-have winter items are a hat, gloves, and a scarf. I always wear a winter hat that covers my ears. My scarf keeps my neck warm, and my gloves are warm but thin.

나의 겨울 필수품은 모자, 장갑 그리고 목도리다. 나는 항상 귀를 덮는 겨울 모자를 쓴다. 내 목도리는 목을 따뜻하게 해주고, 장갑은 따뜻하면서도 얇다.

Words & Phrases

down jacket: 다운재킷(솜털이나 깃털을 넣고 누빈 재킷)
boots: 부츠, 장화
body warmer: (소매 없는) 방한용 조끼
earmuffs: 귀마개
humidifier: 가습기
moisturizer: 피부의 보습 크림

Memo

Which do you listen to more often, foreign music or Korean music?

외국 음악과 한국 음악 중 어느 것을 더 자주 듣나요?

A

Sample Diary Entry

I listen to both equally. Every year there are certain artists that put out good music all over the world. But I'm in Korea, so that music is closer to home for me.

둘 다 똑같이 듣는다. 매년 세계 곳곳에서는 좋은 음악을 발표하는 음악가들이 있다. 그래도 나는 한국에 있으니 한국 음악이 나에게 더 가까이 있다.

Words & Phrases

borderless: 국경이 없는, 경계가 없는
transcend: 초월하다
lyrics: 가사(歌詞)
moving: 감동적인, 마음을 뭉클하게 하는
easy listening: 듣기 편한 경음악
sing along to ~: ~을 따라 부르다

Memo

Has anything impressed you recently?
최근에 당신에게 감명을 준 것이 있나요?

A

Sample Diary Entry

I accidently listened to a speech given by Steve Jobs at the graduation ceremony of Stanford University, and I was quite impressed. It is no wonder people call him a genius.

우연히 스티브 잡스가 스탠퍼드 대학교 졸업식에서 한 연설을 들었는데, 무척 감명을 받았다. 사람들이 그를 천재라고 부르는 것은 이상한 일이 아니다.

Words & Phrases

inspired: 영감을 받은
TV program: TV 프로그램
athlete: 운동선수
words of wisdom: 지혜로운 조언
good-hearted: 마음씨가 고운
attitude: 태도, 자세

Memo

Do you have a favorite outfit? What is it like?

좋아하는 옷이 있나요? 어떻게 생겼나요?

A

Sample Diary Entry

My favorite outfit is a red shirt, blue jeans and white sneakers. I like it because it's simple but colorful. It makes me feel cheerful and gives me energy.

내가 좋아하는 옷은 빨간색 셔츠와 청바지, 그리고 하얀색 운동화다. 깔끔하면서도 색감이 풍부해서 좋아한다. 그렇게 입으면 기분이 좋아지고 활력이 생긴다.

Words & Phrases

bargain: 특가품, 싸게 산 물건
second-hand clothes: 헌옷
one's own style: 자신만의 스타일
preference: 선호, 애호
flattering: (옷 등이) 돋보이게 하는
figure: 몸매, 체격

Memo

Q 147

What has been the best present you've ever received?

이제까지 받은 최고의 선물은 무엇이었나요?

A

Sample Diary Entry

It has to be the MP3 player my parents gave me when I was 12. I loved music more than anything. I sat and listened to music for hours every day.

내가 12살 때 부모님께서 주신 MP3 플레이어다. 나는 다른 어떤 것보다 음악을 좋아했다. 매일 몇 시간씩 앉아서 음악을 들었다.

Words & Phrases

a bunch of flowers: 꽃 한 다발
hand-made: 손으로 만든
put a lot of thought into ~: ~에 많은 생각을 기울이다
cherish: 소중히 여기다, 아끼다
even to this day: 오늘에 이르기까지

 148

How old do people think you are?

사람들은 당신이 몇 살이라고 생각하나요?

A

Sample Diary Entry

People usually guess my age correctly. Sometimes people think I'm about 25, but usually they say 22, which is correct. Occasionally people say 20, which I love to hear!

사람들은 대개 내 나이를 제대로 짐작한다. 때때로 사람들은 내가 25살 정도라고 생각하면서도 보통은 22살이라고 말하지만, 사실 그것이 맞다. 가끔 사람들이 20살이라고 말해주는데, 그런 말을 들으면 기분이 좋다!

Words & Phrases

youthful: 젊은, 발랄한
ageless: 나이를 안 먹는, 늙지 않는
mature: 성숙한, 어른스러운
look old for one's age: 나이에 비해 늙어 보이다
visibly: 눈에 띄게

Memo

Q 149

What would you like to be resolved?

해결되기를 바라는 것이 있다면 무엇인가요?

A

Sample Diary Entry

I want all of the conflicts in the world to be resolved. People have been fighting over land, resources, religion, and all kinds of things for centuries. It has to end!

세상의 모든 갈등이 해결되기를 바란다. 사람들은 영토, 자원, 종교, 그리고 온갖 것들을 이유로 수세기 동안 싸워 왔다. 이제는 끝나야 한다!

Words & Phrases

humanity: 인류, 인간애
justice: 정의
since ancient times: 고대부터
aggression: 공격, 침해
suffering: 고통, 괴로움
social morality: 사회 도덕성

Memo

Are you good at tidying up?
당신은 정리를 잘하나요?

A

Sample Diary Entry

Not very. I try to keep things neat and clean, but after a few days my room gets messy again. And when I try to clean I usually don't finish.

별로다. 물건을 깔끔하고 깨끗하게 정리해 두려고 노력하지만, 며칠이 지나면 내 방은 다시 엉망이 된다. 그리고 정리하려고 해도 대개는 끝내지 못한다.

Words & Phrases

hoard: 저장하다, 사재기하다
be surrounded by ~: ~에 둘러싸이다
declutter: 해결하다, 정리하다
clean out ~: ~의 안을 비우다, ~을 청소하다
discard: 버리다
minimalism: 미니멀리즘

What would you like to say to yesterday's you?

어제의 자신에게 무슨 말을 해주고 싶나요?

A

Sample Diary Entry

Well done. Don't forget to brush your teeth before going to bed.

잘했어. 자기 전에 양치질하는 것 잊지 마.

Words & Phrases

watch out for ~: ~에 주의하다
be sure to ~: 반드시 ~하다
hold one's breath: 숨을 죽이다
anticipate: 예견하다, 예상하다
a pat on the back: 격려하는 말

Memo

Q 152

When do you feel a sense of fulfillment?

언제 성취감을 느끼나요?

A

Sample Diary Entry

I am filled with an enormous sense of fulfillment when I enjoy a cup of coffee after I've done the dishes, finished the laundry, and cleaned my room.

설거지를 하고, 세탁을 끝내고, 방을 청소한 후 커피 한 잔을 마실 때 엄청난 성취감으로 가득 찬다.

Words & Phrases

victory: 승리
desire: 갈망, 욕망
promise: 약속
capacity: 능력
collaboration: 협력
rewarding: 보람 있는

Memo

Q 153

Where did you go on your last trip?
가장 최근에 간 여행지는 어디였나요?

A

Sample Diary Entry

I went to Haenam on my last trip. I had always wanted to visit Haenam, but had never had the chance. I finally decided to make it happen, and I'm glad I did.

가장 최근 여행으로 해남에 갔다. 나는 항상 해남에 가보고 싶었지만, 기회가 없었다. 마침내 실행에 옮기기로 결심했고, 그렇게 한 것이 기쁘다.

Words & Phrases

organized tour: 기획된 여행, 단체 여행
independent private tour: 독립된 개인 여행
bus tour: 버스 여행
itinerary: 여행 일정
breathtaking: 숨이 멎는 듯한, 굉장한

Memo

What time of the day are you most active?

하루 중 가장 활동적인 시간은 언제인가요?

A

Sample Diary Entry

I am what you call a night owl. I've tried to become an early bird, but I can concentrate better during the night. It's probably because I used to study for exams at night.

나는 이른바 올빼미족이다. 아침형 인간이 되려고 노력해 왔지만, 밤에 집중이 더 잘 된다. 아마도 예전에 시험 공부를 밤에 했기 때문인 것 같다.

Words & Phrases

morning person: 아침형 인간
night person: 저녁형 인간
production level: 생산 수준
have low blood pressure: 저혈압이다
be clear-headed: 머리가 맑다
active: 활발한, 기민한

Tell me your favorite color coordination.

좋아하는 색상의 조합을 알려주세요.

A

Sample Diary Entry

I've always liked blue and white, especially sky blue. My room is color coordinated with blue, white, and also a bit of yellow. Being surrounded by those colors lifts up my spirit.

나는 항상 파란색과 흰색, 특히 하늘색을 좋아했다. 내 방은 파란색, 흰색, 그리고 약간의 노란색으로 꾸며져 있다. 이런 색상에 둘러싸여 있으면 기분이 고조된다.

Words & Phrases

primary colors: 원색
shade: 색조
monochrome: 흑백의
matching: 어울리는
pleasing to the eye: 보기에 즐거운
have good taste: 감각이 뛰어나다

Memo

Q 156

What symptoms make you realize you've caught a cold?

어떤 증상이 나타나면 자신이 감기에 걸렸다는 것을 깨닫나요?

A

Sample Diary Entry

I know I'm coming down with something when my nose starts to run. When that happens, I take lots of liquids, and try to get as much rest as I can.

콧물이 나기 시작하면 어딘가 아프다는 사실을 알아차린다. 그럴 때면 수분을 많이 보충하고 최대한 많이 쉬려고 노력한다.

Words & Phrases

headache: 두통
sneeze: 재채기
sore throat: 인후염, 인두염
muscle ache: 근육통
chill: 오한
fever: 발열

Memo

Q 157

Who do you think is a person to watch right now?

지금 주목해야 할 사람은 누구라고 생각하나요?

A

Sample Diary Entry

I can't think of a particular person right now, but I do follow a few journalists that I think are trustworthy on social media.

지금은 특정한 사람이 떠오르지 않지만, 소셜 미디어에서 신뢰할 만하다고 생각하는 저널리스트 몇 명을 팔로잉하고 있다.

Words & Phrases

striking: 인상적인, 이목을 끄는
outstanding: 뛰어난, 걸출한
witty: 재치 있는
talented: 재능 있는
enter the limelight: 각광을 받다
person of conscience: 양심 있는 사람

Memo

158

About what time do you wake up every morning?

매일 아침 몇 시쯤 일어나나요?

A

Sample Diary Entry

I usually get up before 6 o'clock. I like to have enough time to get ready in the mornings. My day seems to flow better when I start off my day relaxed.

나는 보통 6시 전에 일어난다. 아침에 준비할 시간을 충분히 가지고 싶어서다. 여유 있게 하루를 시작하면 그날은 더 순조롭게 흘러가는 것 같다.

Words & Phrases

depend on ~: ~에 달려 있다
morning ritual: 아침 일과, 아침에 하는 행동
rise and shine: 일어나다, 기상하다
have ample time to ~: ~할 시간이 충분하다
oversleep: 늦잠 자다

Q 159

What would you do if you were invisible?

만약 당신이 투명 인간이라면 무엇을 할 건가요?

A

Sample Diary Entry

I would probably sneak backstage of my favorite artist's concert or something. That's the extent of my imagination. I doubt I would commit any criminal act.

아마도 내가 좋아하는 가수의 콘서트와 같은 무대 뒤에 몰래 가볼 것이다. 그것이 내 상상력의 한계다. 어떤 범죄를 저지르지는 않을 것 같다.

Words & Phrases

thriller: 스릴러 영화, 추리 소설
(be) too scared to ~: ~하기에는 너무 무서운
diabolical: 끔찍한, 불쾌한, 극악무도한
pull a prank on ~: ~에게 장난치다
disappear: 사라지다
reappear: 다시 나타나다

Memo

How many friends do you have?

당신의 친구는 몇 명인가요?

A

Sample Diary Entry

I have no idea how many friends I have. But if I want to pick up the phone and call someone for a chat, I guess I would choose from among 20.

친구가 몇 명인지는 모르겠다. 하지만 만약 수다를 떨고 싶어서 전화기를 들고 누군가에게 전화를 건다면, 20명 중에서 고를 것 같다.

Words & Phrases

social networking site: 소셜 네트워킹 사이트 (=SNS)
hang out with ~: ~와 시간을 보내다
grow apart: 사이가 멀어지다, 소원해지다
close friend: 친한 친구

Do you believe in god?

신을 믿나요?

A

Sample Diary Entry

I believe there is a higher power. I'm not sure what kind of power it is, though. But we are here for a reason, and we should be aware of that.

나는 숭고한 힘이 존재한다고 믿는다. 다만 그것이 어떤 힘인지는 모르겠다. 하지만 우리는 어떤 이유로 이곳에 존재하고 있고, 우리는 그 사실을 알고 있어야 한다.

Words & Phrases

religious: 종교적인, 신앙심이 깊은
tolerance: 관용, 용인
faith: 믿음, 신앙
right: 권리
respect: 존중하다, 존경하다
atheist: 무신론자

Memo

What is your blood type?
혈액형은 무엇인가요?

A

Sample Diary Entry

My blood type is A. It's the most common blood type. Everyone in my family has the same type. That means we can give blood to anyone who needs it!

내 혈액형은 A형이다. A형은 가장 흔한 혈액형이다. 우리 가족은 모두 혈액형이 같다. 즉 혈액이 필요한 사람이 있으면 누구에게든 줄 수 있다는 말이다!

Words & Phrases

blood donation: 헌혈
donor: 기증자, 헌혈자
recipient: 수령자, 수혈자
blood transfusion: 수혈
ethnic group: 인종 집단
immune system: 면역 체계

Memo

Q 163

What is the best part of your outfit today?

오늘 당신의 의상에서 가장 중요한 포인트는 무엇인가요?

A

Sample Diary Entry

The best part of my outfit is my shoes. I just bought them last week when I went shopping in Dongdaemun Market. They're white with blue stripes and they feel really comfortable.

의상에서 가장 중요한 포인트는 신발이다. 바로 지난주 동대문 시장에 쇼핑하러 갔을 때 샀다. 파란색 줄무늬가 들어간 흰색 신발로, 정말 편하다.

Words & Phrases

wardrobe: 가지고 있는 옷, 옷장
fashionista: 패션 리더, 패션에 관심이 많은 사람
blogger: 블로거(블로그를 운영하는 사람)
copy: 모방하다, 흉내 내다
well-dressed: 잘 차려입은, 맵시 있게 입은

Memo

164

What color are your eyes?

당신의 눈은 무슨 색인가요?

A

Sample Diary Entry

My eyes are a grayish-green color. It's difficult to say what color they are. Sometimes I say "gray," and sometimes I say "green," but they're really both.

내 눈은 회색빛이 감도는 녹색이다. 어떤 색인지 말하기가 어렵다. 나는 때로는 회색이라고 하다가 때로는 녹색이라고 말하지만, 사실은 둘 다 맞다.

Words & Phrases

dark: 검은, 거무스름한, 어두운
light: 밝은, 연한
change color: 색이 변하다
affected by ~: ~의 영향을 받은
window to the soul: 영혼의 창
melanin: 멜라닌 (색소)

Do you like the shape of your hands?
손 모양이 마음에 드나요?

A
_____

_____

_____

Sample Diary Entry

Overall I think my hands are fine the way they are. My fingers are a little longer than most people's. But my hands aren't really large. Still, I don't think about them much.

전체적으로 내 손은 지금 이대로 좋다고 생각한다. 내 손가락은 보통 사람들보다 약간 더 길다. 하지만 손은 많이 크지 않다. 그렇기는 하지만, 나는 손에 대해 별 생각을 하지 않는다.

Words & Phrases

narrow: 폭이 좁은
wide: 폭이 넓은
smooth: 매끈한
rugged: 울퉁불퉁한
palm: 손바닥
knuckle: 손가락 관절, 손가락 마디

Memo

How do you treat a cold?

감기를 어떻게 치료하나요?

A

Sample Diary Entry

I stay in bed and drink orange juice. I don't understand why people go see the doctor when they have a cold. Just wait a few days and you'll get better!

침대에 누워 오렌지 주스를 마신다. 나는 왜 사람들이 감기에 걸리면 병원에 가는지 이해할 수 없다. 그저 며칠만 기다리면 몸은 좋아진다!

Words & Phrases

remedy: 치료약, 치료법
effective: 효과적인
dehydration: 탈수
gargle: (물로) 양치질하다
rest: 쉬다, 휴양하다
vaporizer: 기화기, 증기 흡입기

Memo

How do you beat the heat?

어떻게 더위를 이기나요?

A

Sample Diary Entry

I don't like to turn on the air conditioner, so I just use an electric fan. I drink lots of ice water and wear loose, light clothing. And I keep my windows open for fresh air.

나는 에어컨을 켜는 것을 좋아하지 않아서 그냥 선풍기를 이용한다. 얼음물을 많이 마시고, 헐렁하고 가벼운 옷을 입는다. 그리고 신선한 공기가 들어오도록 창문을 열어둔다.

Words & Phrases

airflow: 공기의 흐름, 기류
damp: 축축한, 습기 있는
pulse point: 맥이 짚이는 부분
base of neck: 목의 밑부분(목이 몸통에 붙어 있는 부분)
natural fabric: 자연 소재의 직물, 천연 섬유
synthetic: 합성 섬유, 합성의

Do you collect anything?

수집하는 것이 있나요?

A

Sample Diary Entry

I don't collect anything now, but when I was a child I collected comic books. My parents took me to the bookstore every week. I spent all of my birthday money on them.

지금은 아무것도 수집하지 않지만, 어릴 적에는 만화책을 모았다. 부모님은 매주 나를 서점에 데리고 가셨다. 나는 생일날 받은 용돈을 전부 만화책 사는 데 썼다.

Words & Phrases

purchase: 구입하다
display: 전시하다, 진열하다
storage space: 저장 공간, 수납 공간
intrigue: 호기심을 돋우다, 흥미를 돋우다
stick to ~: ~을 계속하다, ~을 고수하다

Memo

What was the last TV program that you watched?

마지막으로 본 TV 프로그램은 무엇이었나요?

A
....

....

....

Sample Diary Entry

Last night I watched a variety program on TV. It had comedians trying all kinds of crazy food. It was fun to watch, but I don't want to try that food myself.

어젯밤 TV에서 버라이어티 프로그램을 봤다. 코미디언들이 나와서 온갖 이상한 음식을 먹었다. 보기에는 재미있었지만, 그 음식들을 직접 먹어보고 싶지는 않다.

Words & Phrases

news show: 뉴스 방송
political talk show: 정치 토크쇼
TV drama: TV 드라마
source of information: 정보의 출처, 정보원
satellite TV: 위성 방송

Memo

Q 170

Which chore do you like better, doing the dishes or doing the laundry?

설거지와 빨래 중 어떤 집안일을 더 좋아하나요?

A

Sample Diary Entry

I prefer doing the laundry. The dishes take so much more time. The laundry is easy because I can just wash it, hang it up, and wait for it to dry.

빨래하는 것을 더 좋아한다. 설거지는 시간이 너무 많이 걸린다. 빨래는 빨아서 널고 마르기를 기다리기만 하면 되기 때문에 수월하다.

Words & Phrases

wash separately: 따로 세탁하다
detergent: 세제
bleach: 표백제
wrinkle: 주름
rinse: 헹구다
tedious: 지루한, 싫증나는

Memo

171

What is your favorite type of cake? A sponge cake? A cheesecake? A tiramisu?

어떤 종류의 케이크를 좋아하나요? 스펀지 케이크? 치즈 케이크? 아니면 티라미수?

A

Sample Diary Entry

My favorite type of cake is definitely cheesecake. I love cheese so much, and the taste of melting cheese in my mouth is the one I would not yield to anything.

내가 좋아하는 케이크는 단연 치즈 케이크다. 나는 치즈를 무척 좋아하는데, 입 안에서 녹는 치즈의 맛은 다른 어떤 것에도 양보하고 싶지 않은 것이다.

Words & Phrases

patissier: 파티시에, 제과사
pastry shop: 제과점
recipe: 요리법
celebration: 축하
bake: 굽다
heavenly: 훌륭한, 천상의

Memo

Do you like your bosses and supervisors at work?

직장의 상사나 관리자들을 좋아하나요?

A

Sample Diary Entry

I've worked for some tough bosses in the past, but I get along pretty well with my current boss. He's demanding at times, but he's fair and professional.

예전에는 다소 대하기 어려운 상사들과 일했지만, 지금의 상사와는 꽤 잘 지낸다. 그는 가끔 요구 조건이 많지만, 공정하고 전문성을 갖추고 있다.

Words & Phrases

mentor: 조언자, 멘토
role model: 롤모델
avoid: 피하다
work things out: 일을 잘 해결하다
tense: 긴장한
teamwork: 팀워크, 협동 작업

What kind of child were you?

당신은 어떤 아이였나요?

A

Sample Diary Entry

I've been told that I was a difficult child, that I could be obstinate at times. Yet, if it weren't for my headstrong nature, I wouldn't be the person that I am today.

나는 가끔 고집을 부려서 성미가 까다로운 아이였다는 말을 들었다. 하지만 그런 고집스러운 기질이 없었다면, 오늘날의 나는 없었을 것이다.

Words & Phrases

crybaby: 울보
naughty: 버릇없는, 말을 듣지 않는
throw a fit: 성질을 부리다
quiet: 조용한, 차분한
outgoing: 사교적인
happy-go-lucky: 낙천적인, 태평스러운

174

What's the weather like today?

오늘 날씨는 어떤가요?

A

Sample Diary Entry

It's cloudy and the wind is strong, but the humidity is high, so it feels hot. On days like these, I am bound to have a bad hair day.

흐리고 바람이 강하지만, 습도가 높아서 덥게 느껴진다. 이런 날이면 꼭 일이 잘 안 풀린다.

Words & Phrases

according to ~: ~에 따르면
weather forecast: 일기 예보
muggy: 후텁지근한
cool breeze: 시원한 바람
perfect weather for ~: ~하기에 좋은 날씨
global warming: 지구 온난화

Memo

What are your weaknesses?

당신의 약점은 무엇인가요?

A

Sample Diary Entry

My biggest weakness would be the fact that I am rather fickle. I like to take up hobbies but I get bored easily, so I have many half-used items lying around the house.

나의 가장 큰 약점은 다소 변덕스럽다는 사실일 것이다. 취미를 갖는 것을 좋아하지만 쉽게 질려버려서 사용하다 만 다양한 물건들이 집안 곳곳에 놓여 있다.

Words & Phrases

talkative: 말이 많은
perfectionist: 완벽주의자
too serious: 지나치게 진지한
stubborn: 완고한
introverted: 내향적인
inattentive: 부주의한

What do you think differentiates adults from children?

어른과 아이를 구별하는 것이 무엇이라고 생각하나요?

A

Sample Diary Entry

I don't really know the answer to this question. I personally don't think there is a big difference between the two. I think some children are more mature than adults.

이 질문에 대한 답은 정말 모르겠다. 개인적으로는 둘 사이에 큰 차이가 있다고는 생각하지 않는다. 어떤 아이들은 어른보다 더 성숙하다고 생각한다.

Words & Phrases

responsibility: 책임
carefree: 걱정 없는, 태평한
honesty: 정직함, 솔직함
ability to ~: ~하는 능력
go all out: 전력을 다하다
become engrossed in ~: ~에 몰두하다

Memo

Is there something that you buy every week?

매주 사는 것이 있나요?

A
_____
_____
_____

Sample Diary Entry

I always buy a carton of milk. I drink two cups of coffee every morning, and I take my coffee with milk, so I make sure I never run out of it.

항상 우유 한 통을 산다. 나는 매일 아침마다 커피 두 잔을 마시는데, 커피에 우유를 넣어 마시기 때문에 우유가 떨어지지 않도록 신경 쓰고 있다.

Words & Phrases

consume: 소비하다
never forget to ~: 반드시 ~하다
order: 주문하다
have ~ delivered: ~을 배달시키다
necessity: 필수품
grocery: 식료품

Q 178

Which do you prefer, high heels or sneakers?

하이힐과 운동화 중 어떤 것을 더 좋아하나요?

A

Sample Diary Entry

Sneakers. Living in this country, you never know what's going to happen. So I want to make sure that I am wearing comfortable shoes in case of an emergency.

운동화다. 이 나라에서 살면 어떤 일이 벌어질지 모른다. 그래서 나는 긴급 상황에 대비하여 반드시 편안한 신발을 신기를 원한다.

Words & Phrases

stilettos: 스틸레토 힐(뾰족하고 높은 굽의 하이힐)
platform shoes: 플랫폼슈즈(통굽의 구두)
flat shoes: 플랫슈즈(굽이 낮은 구두)
foot problem: 발의 문제, 족부 질환
bunion: 건막류
footwear: 신발류

 179

What does love mean to you?

당신에게 사랑은 무엇을 의미하나요?

A

Sample Diary Entry

Love means everything to me. I love my family and friends. I love my dog and cat. I love my job. I love my life. I see love around me all the time.

나에게 사랑은 전부를 의미한다. 나는 가족과 친구를 사랑한다. 나의 개와 고양이를 사랑한다. 내 일을 사랑한다. 내 삶을 사랑한다. 언제나 내 주변에서 사랑을 발견한다.

Words & Phrases

feeling: 감정
forgiveness: 용서
foundation: 토대, 기초
understanding: 이해
familiarity: 친밀함, 친근함
acceptance: 수용, 받아들임

Memo

180

Who do you rely on in times of need?

어려울 때 당신은 누구에게 기대나요?

A

Sample Diary Entry

My family. My family is always there for me in times of need. Hopefully, I will be there for them in their times of need.

가족이다. 어려울 때 가족은 나를 위해 항상 그 자리에 있어 준다. 바라건대 그들이 어려울 때는 내가 그들의 곁에 있어 주고 싶다.

Words & Phrases

tight-knit: 결속력이 강한, 유대가 긴밀한
partner: 배우자, 공동 사업자
close friend: 친한 친구
desperate situation: 절망적인 상황
seek professional advice: 전문가의 조언을 구하다

Memo

 181

What is your favorite movie?

좋아하는 영화는 무엇인가요?

A

Sample Diary Entry

My favorite movie is "The Dark Knight." I have always been a fan of the Batman series. I really like the complex conflict between Batman and Joker.

내가 좋아하는 영화는 〈다크 나이트〉다. 나는 줄곧 배트맨 시리즈의 팬이었다. 배트맨과 조커의 복잡한 갈등 관계를 정말 좋아한다.

Words & Phrases

blow one's mind: 몹시 흥분시키다
shocking: 충격적인
well-made plot: 정교한 구성
star power: 스타 파워, 스타 권력
play the leading role: 주역을 맡다
all-time favorite: 지금까지 가장 좋아하는

Memo

What is your favorite quote?

좋아하는 문구는 무엇인가요?

A

Sample Diary Entry

My favorite quote is from Lincoln, and it reads, "The best way to predict the future is to create it." We should strive to create a better world.

내가 좋아하는 문구는 링컨의 "미래를 예측하는 최고의 방법은 미래를 창조하는 것이다"라는 말이다. 우리는 더 좋은 세상을 만들기 위해 노력해야 한다.

Words & Phrases

read aloud: 낭독하다, 소리 내어 읽다
keep ~ close to one's heart: ~을 중요하게 생각하다
post ~ on the wall: ~을 벽에 게시하다
(be) encouraged: 격려받은, 고무된
words to live by: 인생의 지침으로 삼을 만한 말

Memo

If you could meet any historical figure, who would you choose?

만약 역사적 인물을 만날 수 있다면, 누구를 고를 건가요?

A

Sample Diary Entry

If I could meet any historical figure, I would like to meet Martin Luther King, Jr. I am very inspired by the civil rights movement. I would have liked to have met him.

만약 역사적 인물을 만날 수 있다면, 마틴 루터 킹을 만나고 싶다. 나는 시민권 운동에 크게 감명을 받아 그를 만나보고 싶었다.

Words & Phrases

have a conversation with ~: ~와 이야기하다
ask one's opinions on ~: ~에 관한 의견을 묻다
motive: 동기
one's true intention: 진심, 본심
future generation: 후손, 미래 세대

Q 184

Think of any word. What is it?
아무 단어나 떠올려 보세요. 어떤 단어인가요?

A

Sample Diary Entry

The word that comes to mind first is, "coffee." I thought of this word because I love coffee. I am feeling a bit sleepy right now, and some coffee would be perfect.

가장 먼저 떠오르는 단어는 '커피'다. 내가 커피를 좋아하기 때문에 이 단어가 생각났다. 지금 살짝 졸리기 때문에 커피를 좀 마시면 완벽할 것 같다.

Words & Phrases

come up with ~: ~을 생각해내다
for some reason: 어떤 이유로, 어쩐지
like the sound of ~: ~의 소리를 좋아하다
cannot get it out of one's head: 머릿속에서 지워지지 않다
subconscious: 잠재의식의

Memo

When was the last time that you cried?

마지막으로 울었던 때가 언제였나요?

A

Sample Diary Entry

The last time I cried was when I watched a very emotional movie with my friend. The movie really reminded me of my childhood, so I cried. I was quite embarrassed.

마지막으로 운 것은 친구와 함께 아주 감동적인 영화를 봤을 때였다. 그 영화가 정말 나의 어린 시절을 떠올리게 해서 울어버렸다. 꽤 민망했다.

Words & Phrases

fight back tears: 눈물을 참다
weep a little: 눈물을 조금 흘리다
sob: 흐느끼다
bawl one's eyes out: 큰 소리로 울다, 펑펑 울다
touching: 감동적인
tragic: 비극적인

Memo

Have you ever had an unforgettable birthday?

잊을 수 없는 생일을 보낸 적이 있나요?

A

Sample Diary Entry

The most unforgettable birthday was when I turned 26. I had a huge party with all of my friends. We partied all night and into the early morning.

가장 잊을 수 없는 생일은 26살이 되던 해의 생일이었다. 나는 모든 친구들을 불러 성대한 파티를 열었다. 우리는 아침이 올 때까지 밤새도록 파티를 즐겼다.

Words & Phrases

best ever: 역대 최고의
loads of ~: 수많은 ~
birthday present: 생일 선물
memorable: 기억할 만한
surprise party: 깜짝 파티

Memo

Q 187

Is today a special day, or is it just one of those normal days?

오늘은 특별한 날인가요, 아니면 평범한 날들 중 하나인가요?

A

Sample Diary Entry

I think today is an ordinary day, but you never know. In Korea, there are special holidays that follow lunar calendar. Some companies make their own special day as a means of marketing.

나는 오늘이 평범한 날이라고 생각하지만, 알 수는 없다. 한국에는 음력을 따르는 특별한 휴일들이 있다. 어떤 회사들은 마케팅의 일환으로 그들만의 특별한 날을 만들기도 한다.

Words & Phrases

public holiday: 공휴일, 경축일
national holiday: 국경일
weird holiday: 별난 기념일
commemorate a holiday: 경축일을 기념하다
long weekend: (3일 이상의) 긴 주말 연휴

Memo

188

Do you prefer traveling by car or by train?

이동할 때 차와 기차 중 어느 것을 더 선호하나요?

A

Sample Diary Entry

In the countryside, I prefer to travel by car. There's nothing better than driving through the countryside listening to your favorite music. In the city, I of course prefer traveling by subway train.

시골에서는 차로 이동하는 것을 좋아한다. 좋아하는 음악을 들으면서 시골길을 운전하는 일보다 더 좋은 것은 없다. 도시에서는 물론 지하철로 이동하는 것을 선호한다.

Words & Phrases

convenient: 편리한, 사용하기 쉬운
easier: 더 쉬운
cheaper: 값이 더 싼
ecological: 환경 보호의, 생태학의
public transportation: 대중교통
move around: 돌아다니다

Memo

189

Who do you trust the most in your life?
당신의 인생에서 가장 신뢰하는 사람은 누구인가요?

A

Sample Diary Entry

I trust my girlfriend the most in my life. She has always been there for me. Even when I am very upset, she will listen to me and offer advice.

나는 인생에서 여자 친구를 가장 신뢰한다. 그녀는 항상 내 곁에 있어 준다. 내가 매우 짜증이 났을 때도 그녀는 내 말에 귀를 기울이고 조언해줄 것이다.

Words & Phrases

would never ~: 절대 ~하지 않다
betray: 배신하다
confide in ~: ~에게 비밀을 털어놓다
through thick and thin: 좋을 때나 안 좋을 때나, 시종일관
trusting relationship: 신뢰 관계

Memo

Q 190

What do you associate with the color red?

빨간색에서 연상되는 것은 무엇인가요?

A

Sample Diary Entry

When I think of the color red, the first thing that comes to mind is blood orange juice. I am a huge fan of orange juice, and blood orange juice is my favorite.

빨간색을 생각할 때, 머릿속에 가장 먼저 떠오르는 것은 블러드 오렌지 주스다. 나는 오렌지 주스를 아주 좋아하는데, 블러드 오렌지 주스를 가장 좋아한다.

Words & Phrases

blood: 혈액, 피
passion: 열정
bullfight: 투우
communism: 공산주의
tomato: 토마토
fire engine: 소방차

Memo

 191

Describe a current fashion trend.

요즘 패션 동향을 말해 주세요.

A

Sample Diary Entry

I have noticed that a lot of young people are wearing knee-length cardigans these days. They are made of lighter materials, such as chiffon, rather than cotton or wool.

요즘 많은 젊은이가 무릎까지 내려오는 카디건을 입고 있다는 것을 알아차렸다. 그런 카디건은 면이나 양모보다 시폰 같은 가벼운 소재로 만든다.

Words & Phrases

garment: 의류, 옷
silhouette: 실루엣, 윤곽
collar: (윗옷의) 칼라, 깃
sleeve: 소매
hem: 옷단, 옷자락
jargon: (특정 직업·집단의) 전문 용어

Memo

Q 192

Until what age is a person considered "young?"

사람은 몇 살까지 '젊다'고 여겨지나요?

A

Sample Diary Entry

I don't think there is any particular age — many people stay young all their lives. I guess what you think of as young depends on what age you are.

특정한 나이가 있다고 생각하지 않는다. 많은 사람이 평생 젊게 살아간다. 자신이 몇 살인지에 따라 몇 살까지를 젊다고 생각하는지가 다른 것 같다.

Words & Phrases

sign of aging: 노화의 징후
stay active: 활동적으로 지내다
youthful: 젊은, 젊은이다운
eternal youth: 불로(不老), 영원한 젊음
(be) young at heart: 마음이 젊은
what matters most: 가장 중요한 것

Memo

193

Which do you prefer, digital watches or analog watches?

디지털 시계와 아날로그 시계 중 어느 것을 더 좋아하나요?

A

Sample Diary Entry

If I don't have my glasses on, I prefer the old-fashioned type of watch because I can see at a glance what time it is by the position of the hands.

내가 안경을 쓰지 않았을 때는 예스러운 타입의 시계를 선호한다. 시곗바늘의 위치로 몇 시인지를 한눈에 알 수 있기 때문이다.

Words & Phrases

advantage: 이점, 장점
(be) useful for ~: ~에 도움이 되는
function: 기능
second hand: 초침
precise: 정확한
aesthetically: 미적으로, 미학적으로 보면

194

What is the nearest station to your house?

당신의 집에서 가장 가까운 역은 어디인가요?

A

Sample Diary Entry

I don't usually give out that information, because you can never be too careful in today's world. However, I will tell you it is not a major station.

나는 대개 그런 정보는 밝히지 않는데, 요즘 같은 세상에는 아무리 조심해도 지나치지 않기 때문이다. 그러나 주요 역이 아니라는 점은 알려주겠다.

Words & Phrases

transportation network: 교통망
train line: 철도 노선
railway company: 철도 회사
a main terminal: 주요 터미널
terminal station building: 종착역사(終着驛舍)
a ~ -minute walk: 도보로 ~분

Memo

195

Did you restrain yourself from blurting out your thoughts today? If so, what thoughts were they?

오늘 자신의 생각을 입 밖에 내지 않고 자제한 적이 있나요? 만약 그렇다면, 어떤 생각이었나요?

A

Sample Diary Entry

I haven't found any need to restrain myself today. Anyway, people are used to me blurting out my thoughts, so I don't feel any real pressure to keep them to myself!

오늘은 스스로를 자제할 필요를 못 느꼈다. 어차피 사람들은 생각을 불쑥불쑥 말하는 내 모습에 익숙해서, 생각을 마음속에 담아둬야 한다는 압박감을 그다지 느끼지 않는다.

Words & Phrases

abruptly: 갑자기, 돌연
cannot help oneself: 자제하지 못하다
hold one's tongue: 잠자코 있다
take a deep breath: 심호흡하다
regret: 후회하다
take back: (말 등을) 철회하다

Memo

 196

Do you have skin problems, or do you have smooth skin?

당신은 피부 트러블이 있나요, 아니면 피부가 매끈한 편인가요?

A

Sample Diary Entry

I have had skin problems since I was 11 years old. Because a nice complexion was never one of my attributes, I am free from worrying about having perfect skin!

나는 11살 때부터 피부 트러블이 있었다. 깨끗한 피부색이 나의 특징 중 하나는 아니기 때문에, 완벽한 피부를 가져야 한다는 걱정으로부터 해방되어 있다!

Words & Phrases

dry skin: 건조한 피부
acne: 여드름
get a pimple: 뽀루지가 나다
pore: 모공
fine-textured skin: 살결이 고운 피부
sunscreen: 자외선 차단제

Memo

What do you do to psyche yourself up?

자신에게 활력을 주기 위해 무엇을 하나요?

A
___

___

___

Sample Diary Entry

I close my eyes and try my best to visualize myself successfully accomplishing what I have set out to do. But, unfortunately, it doesn't always work.

눈을 감고 내가 시작한 일을 성공적으로 완수한 모습을 최선을 다해 마음속에 그려 본다. 하지만 불행하게도 항상 효과가 있는 것은 아니다.

Words & Phrases

listen to music: 음악을 듣다
give oneself a pep talk: 자신에게 활력을 불어넣다, 자신을 격려하다
acknowledge: 인정하다
strength: 강점, 장점
rational: 합리적인, 이성적인

Memo

# 198

Do you think your handwriting is neat?

본인이 글씨를 잘 쓴다고 생각하나요?

A

Sample Diary Entry

My handwriting is very messy. I think it is because I am always trying to write too quickly. My thoughts are way ahead of what I can physically do with a pen.

내 글씨는 정말 엉망이다. 항상 글씨를 너무 빨리 쓰려고 해서 그런 것 같다. 나의 생각은 내가 물리적으로 펜을 움직일 수 있는 것보다 훨씬 앞서 나간다.

Words & Phrases

calligraphy: 서도(書道), 서예
(be) embarrassed about ~: ~을 부끄러워하는
sloppy: 대충하는, 엉성한
illegible: 읽기 힘든, 판독하기 어려운
grip: 잡는 법, 쥐는 법

Q 199

Who is the nicest person around you?

주변에서 가장 성격이 좋은 사람은 누구인가요?

A

Sample Diary Entry

I am fortunate to be totally surrounded by very nice people. I don't want to sound too gushy, but everyone around me here is extremely kind and helpful.

운 좋게도 내 주변에는 모두 아주 좋은 사람들만 있다. 지나치게 칭찬하는 것처럼 말하고 싶지는 않지만, 내 주변 사람들은 모두 더할 나위 없이 다정하고 친절하다.

Words & Phrases

kind: 친절한
good-natured: 착한, 온화한
modest: 겸손한
angelic: 천사 같은
have the pleasure of ~: (공손한 표현으로) ~하다, ~하는 기쁨을 누리다
become acquainted: 아는 사이가 되다

Memo

 200

Do you have a favorite stationery product?
좋아하는 문구 제품이 있나요?

A

Sample Diary Entry

I really like erasable pens. They come in an assortment of colors and sizes, and are very useful. However, they are a bit expensive and their ink runs out too quickly.
나는 지울 수 있는 펜을 정말 좋아한다. 다양한 색상과 크기의 펜이 나와 있으며, 아주 유용하다. 그러나 약간 비싸고 잉크가 너무 빨리 닳는다.

Words & Phrases

tempting: 매력적인, 마음을 부추기는
selection: 선택된 사람[것]
get organized: 준비하다, 정리하다
bulky: 부피가 큰
practical: 실용적인
personalized: 이름이 들어간, 개인 맞춤의

Memo

 201

What would you take to a desert island?

무인도에 간다면 무엇을 가져갈 건가요?

A

Sample Diary Entry

I would take a bag of my favorite books. It's actually a fantasy of mine to go somewhere and read for days and days. All I would need is books and a beach towel.

내가 좋아하는 책들을 넣은 가방을 가져갈 것이다. 사실 어딘가로 가서 며칠 내내 책을 읽는 것이 내가 꿈꾸는 것이다. 내게 필요한 것은 책과 비치 타월뿐이다.

Words & Phrases

tropical island: 열대의 섬
knife: 칼, 나이프
come in handy: 쓸모가 있다, 도움이 되다
solar-powered: 태양광을 동력으로 한
boredom: 권태, 지루함
loneliness: 고독, 외로움

Memo

202

Do you tend to get lonely?
외로움을 잘 타나요?

A

Sample Diary Entry

I almost never get lonely. Every day I'm surrounded by lots of people at school, and I have friends to go out with on weekends. But sometimes I just want to be alone.

나는 거의 외로워지지 않는다. 나는 매일 학교에서 많은 사람에게 둘러싸여 있으며, 주말을 함께 보낼 친구들도 있다. 하지만 가끔씩은 그저 혼자 있고 싶을 때가 있다.

Words & Phrases

social connection: 사회적 관계
feel sorry for oneself: 자신을 가엾게 여기다
isolation: 소외, 고립
situation: 상황
depending on ~: ~에 따라
time of year: 시기, 시절

Memo

Q 203

Do you tend to be shy with people, or are you sociable?

낯을 가리는 편인가요, 아니면 사교적인 편인가요?

A

Sample Diary Entry

I am usually sociable. I love to go to parties and meet new people. But once in a while, I feel really shy. I guess it depends on the person I'm talking to.

나는 보통 사교적인 편이다. 파티에 가서 새로운 사람을 만나는 것을 아주 좋아한다. 하지만 때로는 심하게 수줍어하기도 한다. 이야기를 나누고 있는 사람에 따라 다른 것 같다.

Words & Phrases

get together: 만나다, 모이다
enjoy oneself: 즐거운 시간을 보내다
dull: 지루한, 따분한
social life: 사회생활
available: (사람을 만날) 시간이 있는
solitude: 고독

Memo

Have you had any memorable teachers?

기억에 남는 선생님이 있나요?

A

Sample Diary Entry

My literature teacher in high school is someone I'll always remember. She taught me how to write well and introduced me to my favorite authors. She was so kind, too.

고등학교 문학 선생님이 항상 기억에 남는다. 그녀는 글을 잘 쓰는 법을 가르쳐 주셨고, 좋은 작가들을 소개해 주셨다. 또한 매우 친절한 분이셨다.

Words & Phrases

interesting: 재미있는, 흥미로운
unique: 독특한, 고유의
personality: 성격, 인품
intimidating: 겁을 주는, 위압적인
popular: 인기 있는
care about ~: ~에 마음을 쓰다, ~에 관심을 가지다

Memo

Do you have a favorite rock band?
좋아하는 록 밴드가 있나요?

A

Sample Diary Entry

My favorite rock band is Led Zeppelin. They were such an amazing and energetic band. I think their records will be popular many years into the future.

내가 좋아하는 록 밴드는 레드 제플린이다. 그들은 대단히 멋지고 활력이 넘치는 밴드였다. 나는 그들의 음반이 앞으로도 오랫동안 사랑받을 것이라고 생각한다.

Words & Phrases

(be) regarded as ~: ~으로 여겨지는
absolute: 절대적인, 확실한
awesome: 멋진
mellow: (음악이) 감미로운, 부드럽고 그윽한
music video: 뮤직 비디오

How often do you go to the theater?

얼마나 자주 극장에 가나요?

A

Sample Diary Entry

I go to the theater about twice a year. I love to go and see live drama, but there aren't actually any theaters in my area. I have to take a subway train to the city.

일 년에 두 번 정도 극장에 간다. 가서 연극을 보는 것을 정말 좋아하지만, 사실 내가 사는 지역에는 극장이 하나도 없다. 나는 지하철을 타고 시내까지 가야 한다.

Words & Phrases

powerful: 강력한, 힘이 있는
playwright: 각본가, 극작가
theater director: 연출가
production: 상연 작품, 제작
(be) highly acclaimed: 큰 호평을 받는
hard-to-get: 구하기 힘든

Memo

Q 207

Who is your favorite artist?

좋아하는 예술가는 누구인가요?

A

Sample Diary Entry

My favorite artists are pop artists such as Andy Warhol and Keith Haring. I love the bright, fresh colors they used and the fun paintings they made.

내가 좋아하는 예술가는 앤디 워홀과 키스 헤링 같은 팝 아티스트다. 그들이 사용한 밝고 산뜻한 색상과 그들이 그린 재미있는 그림을 아주 좋아한다.

Words & Phrases

genre: 유형, 양식, 장르
period: 시대, 시기
theme: 주제, 테마
pioneer: 개척자, 선구자
genius: 천재
social impact: 사회적 영향

Memo

What is your favorite subject?
좋아하는 과목은 무엇인가요?

A

Sample Diary Entry

My favorite subject is history. I love to learn about events from the past and why they happened. It helps me better understand the events of today.

내가 좋아하는 과목은 역사다. 나는 과거의 사건과 그 사건이 왜 일어났는지에 대해 배우는 것을 아주 좋아한다. 역사는 오늘날 일어나는 사건들을 더 잘 이해할 수 있게 도와준다.

Words & Phrases

humanities: 인문학, 인문계
science: 자연 과학, 이과계
(be) good at ~: ~을 잘하는
struggle with ~: ~으로 고심하다
least favorite: 가장 싫어하는
make sense: 이치에 맞다, 이해하다

209

Have you ever traveled abroad?

해외여행을 해본 적이 있나요?

A

Sample Diary Entry

My family and I went to Thailand when I was in high school. We spent four days in Bangkok and two days in Phuket. It was very exciting for me to be in such a different environment.

고등학생 때 가족들과 함께 태국에 간 적이 있다. 우리는 방콕에서 나흘을, 푸켓에서 이틀을 보냈다. 그렇게 색다른 환경에서 지내는 것이 나에게는 큰 즐거움이었다.

Words & Phrases

passport: 여권
apply for ~: ~을 신청하다
have a close call: 구사일생하다
atmosphere: 분위기, 느낌
plane ride: 비행기 탑승, 비행기를 타는 일
opportunity: 기회

Memo

210

How do you spend your time during a long-haul flight?

장거리 비행을 할 때 시간을 어떻게 보내나요?

A

Sample Diary Entry

If the plane I'm on has an in-flight entertainment system, I usually play games on it. If it doesn't, then I read magazines and watch whatever movie is playing.

내가 탄 비행기에 기내 오락 시스템이 있다면, 대개 게임을 한다. 만약 그런 것이 없다면, 잡지를 읽거나 상영하고 있는 영화를 아무거나 본다.

Words & Phrases

economy-class syndrome: 이코노미클래스 증후군(비행기의 좁은 좌석에 장시간 앉아 있어서 생기는 심부정맥 혈전증)
stay hydrated: 수분을 충분히 섭취하다
stretch: 뻗다, 늘이다
catch up on one's ~: ~을 만회하다

Memo

Do you know any jokes in English?

영어로 된 농담 중 아는 것이 있나요?

A

Sample Diary Entry

Yes, I know quite a few jokes in English. In fact, some of them are quite funny. But if you want to hear them, you will have to buy me a beer.

그렇다. 나는 꽤 많은 영어 농담을 알고 있다. 사실 그중 일부는 상당히 재미있다. 하지만 만약 내 농담을 듣고 싶다면, 나에게 맥주라도 한잔 사줘야 할 것이다.

Words & Phrases

crack a joke: 농담을 하다
find ~ funny: ~을 재미있다고 생각하다
get: 이해하다
punch line: (농담의) 재미있는 대목
pun: 말장난
dirty joke: 상스러운 농담. 야한 농담

Memo

Q 212

Why are you studying English?

당신은 왜 영어 공부를 하나요?

A

Sample Diary Entry

I want to be a citizen of the world. My life would be just too dull if I just stayed in one place and spoke only one language.

나는 세계 시민이 되고 싶다. 만약 그저 한곳에 머무르며 한 가지 언어만 말한다면, 내 삶은 너무 따분할 것이다.

Words & Phrases

live abroad: 해외에서 살다
get ahead: 성공하다, 출세하다
give someone access to ~: 누군가가 ~에 접근할 수 있게 하다
level of proficiency: 숙련도
networking: 인적 네트워크 형성

Do you have a favorite comedian?
좋아하는 코미디언이 있나요?

A

Sample Diary Entry

My favorite comedian is Lee Su-ji. She can play various characters, and she eagerly plays a humiliating role if it can make people laugh. She's hosting a radio show these days.

내가 좋아하는 코미디언은 이수지다. 그녀는 다양한 캐릭터를 연기할 수 있고, 사람들을 웃게 만들 수 있다면 기꺼이 굴욕적인 역할을 연기한다. 그녀는 요즘 라디오 프로그램을 진행하고 있다.

Words & Phrases

deadpan: 무표정한
slapstick: 슬랩스틱 코미디(공연히 부산을 떨며 우스꽝스러운 움직임으로 웃기는 희극)
sharp-tongued: 신랄한, 독설을 내뱉는
funny man: 희극 배우
straight man: (희극에서의) 조연
stand-up comic: (혼자서 공연하는) 코미디언

Memo

What star sign are you?

당신의 별자리는 무엇인가요?

A

Sample Diary Entry

I'm a Taurus. I don't believe in horoscopes much, though.
내 별자리는 황소자리다. 그러나 나는 별점을 그다지 믿지 않는다.

Words & Phrases

Aries: 양자리
Gemini: 쌍둥이자리
Leo: 사자자리
Libra: 천칭자리
Sagittarius: 궁수자리
Aquarius: 물병자리

Memo

Q 215

Where do you think you will be 10 years from now?

지금부터 10년 후 당신은 어디에 있을 것이라고 생각하나요?

A

Sample Diary Entry

I hope to be still here, doing the things I am doing now. But life has many twists and turns, and no one really knows what the future has in store.

지금 하고 있는 일을 하면서 계속 이곳에 있고 싶다. 하지만 인생에는 여러 우여곡절이 있고, 미래가 어떻게 될지는 정말 아무도 모른다.

Words & Phrases

hope: 희망하다, 기대하다
envision: 마음속에 그리다, 상상하다
trusting relationship: 신뢰 관계
true happiness: 진정한 행복
in the long run: 장기적으로는
uncharted territory: 미지의 영역

Memo

216

How many times have you moved?

이사를 몇 번이나 했나요?

A

Sample Diary Entry

My family moved from one side of the city to the other when I was 5, and we stayed there. As an adult, I have probably moved about seven times.

우리 가족은 내가 5살 때 도시의 한 지역에서 다른 지역으로 이사해서 그곳에서 살았다. 성인이 되어서는 7번쯤 이사한 것 같다.

Words & Phrases

numerous times: 수차례
(be) used to ~: ~에 익숙한
property: 재산, 소유물
packing: 짐 싸기, 포장
unpacking: 짐 풀기
accumulate: 쌓이다, 축적하다

Q 217

Do you have a favorite fragrance?
좋아하는 향수가 있나요?

A

Sample Diary Entry

I used to like Poison, but now I find it a little cloying. These days, I spray on a little Sensuous, but only when I am going out for the evening.

예전에는 포이즌 향수를 좋아했는데, 지금은 조금 질렸다. 요즘 나는 센슈어스 향수를 살짝 뿌리는데, 저녁에 외출할 때만 이용한다.

Words & Phrases

scent: 냄새, 향기
dab: 가볍게 두드리다, 살짝 바르다
signature: 특징, 특성
floral: 꽃의
citrus: 감귤류
subtle: 미묘한, 섬세한

Memo

218

Do you have any phobias?

뭔가에 대한 공포증이 있나요?

A

Sample Diary Entry

I don't really have any phobias, other than going out in public without my makeup on. I can't understand why some people are so afraid of heights or snakes and spiders.

화장을 하지 않고 밖에 나가는 것 외에는 나는 정말 공포증이 없다. 나는 사람들이 왜 높은 곳이나 뱀, 거미를 그렇게 무서워하는지 이해할 수가 없다.

Words & Phrases

(be) terrified of ~: ~을 무서워하는
get butterflies in one's stomach: 초조하다, 마음이 조마조마하다
have sweaty palms: 손에 땀을 쥐다
panic attack: 공황 발작
develop a phobia: 공포증을 앓다

Memo

Q 219

If you had a time machine, would you travel to the past or the future?

만약 타임머신이 있다면, 과거와 미래 중 어디로 여행을 갈 건가요?

A

Sample Diary Entry

I think it would be safer to travel to the past, because we have an idea of what things were like. It would be too scary to travel into the future.

과거로 여행을 가는 것이 더 안전하다고 생각한다. 과거가 어떠했는지 알고 있기 때문이다. 미래로 여행을 가는 것은 너무 무서울 것이다.

Words & Phrases

impact: 영향
observe: 지켜보다
science fiction: 공상 과학 소설[영화]
grandfather paradox: 시간 여행으로 과거를 바꿔 인과관계를 변화시킬 수는 없다는 법칙
parallel universe: 평행 우주

Memo

Would you want to travel to outer space?

우주를 여행해 보고 싶나요?

A

Sample Diary Entry

If it could safely be done, I wouldn't hesitate to travel to outer space. I'm sure it would forever change my perspective on life.

만약 안전하다면, 나는 망설이지 않고 우주로 나가볼 것이다. 나는 그것이 삶을 바라보는 나의 관점을 영원히 바꿔 놓을 것이라고 확신한다.

Words & Phrases

(be) up for ~: ~을 할 마음이 있는
gravity: 중력
space sickness: 우주 멀미, 우주병
stratosphere: 성층권
cost a fortune: 엄청난 돈이 들다
commercial space travel: 상업 우주여행

Memo

Q 221

Which do you prefer, condominiums or houses?

아파트와 주택 중 어느 쪽을 더 좋아하나요?

A

Sample Diary Entry

I prefer houses. Living in a house, I like the feeling that the whole place is mine and I don't have to worry about anyone below me. Plus, houses have more space!

주택이 더 좋다. 주택에 살면 집의 전체 공간이 내 것이라는 느낌이 들어서 좋고, 아래층에 사는 사람들에 대해 걱정할 필요도 없다. 게다가 주택이 더 넓다!

Words & Phrases

noise problem: 소음 문제
neighbor: 이웃 (사람)
lifestyle: 생활양식, 라이프스타일
privacy: 사생활
real estate: 부동산
affordable: 감당할 수 있는, 가격이 알맞은

Memo

Do you do anything for the environment?
환경을 위해 뭔가를 하고 있나요?

A

Sample Diary Entry

One weekend a month, I work with a volunteer group that cleans up our neighborhood. We have a walking trail nearby. I pick up the garbage that people leave on the trail.

한 달에 한 번 주말에, 나는 우리 동네를 청소하는 자원봉사 단체와 함께 일한다. 인근에 산책로가 있다. 나는 사람들이 산책로에 버리고 간 쓰레기를 줍는다.

Words & Phrases

reduce: 줄이다, 축소하다
reuse: 다시 사용하다
fuel-efficient: 연료 효율이 좋은, 연비가 좋은
unplug: 플러그를 뽑다
over packaging: 과잉 포장
plastic bag: 비닐봉지

Memo

Q 223

Do you have a bucket list; i.e., a list of things you would like to do before you die?

버킷리스트가 있나요? 예를 들어, 죽기 전에 하고 싶은 일에 대한 목록이 있나요?

A

Sample Diary Entry

There are few things on my bucket list. I'd like to fly in a hot air balloon. I want to take a cruise in the Mediterranean Sea. And I want to climb Mount Kilimanjaro.

내 버킷리스트에는 몇 가지가 있다. 나는 열기구를 타고 하늘을 날아보고 싶다. 지중해에서 유람선을 타보고 싶다. 그리고 킬리만자로산에 올라가 보고도 싶다.

Words & Phrases

fly first class: 비행기 일등석에 타다
discover a new star: 새로운 별을 발견하다
master a martial art: 무술에 통달하다
stay at a five-star resort: 5성급 리조트에 묵다
go to Antarctica: 남극 대륙에 가다

Q 224

Do you like rain?
비를 좋아하나요?

A

Sample Diary Entry

I love rain! It's so relaxing to sit in my room and listen to the sound of the rain falling outside my window. I prefer rain in the summer, though.

나는 비를 아주 좋아한다! 내 방에 앉아서 창문 밖에 내리는 빗소리를 들으면 마음이 아주 편안해진다. 여름에 내리는 비를 좋아하지만 말이다.

Words & Phrases

depressing: 우울하게 만드는, 우울한
damage by flood: 수해(水害)
cool down: 냉각시키다, 시원하게 하다
soothing: 위로하는, 진정시키는
plant: 식물
water shortage: 물 부족

Memo

225

Have you ever lived by yourself?

혼자 살아본 적이 있나요?

A

Sample Diary Entry

I have always lived with my parents. I want to live by myself someday, but for now it's much cheaper for me to live at home. Plus my mother does my laundry!

나는 지금까지 계속 부모님과 함께 살았다. 언젠가는 혼자 살아보고 싶지만, 지금은 집에서 사는 편이 돈을 훨씬 더 절약할 수 있다. 게다가 어머니께서 빨래도 해주신다!

Words & Phrases

roommate: 룸메이트, 방을 같이 쓰는 사람
security measures: 안전 대책
miss companionship: 대화 상대가 없어 쓸쓸함을 느끼다
liberating: 해방시키는, 해방감이 있는
at one's own pace: 자신만의 속도로

Memo

How many countries have you been to?
몇 개국에 가봤나요?

A

Sample Diary Entry

I have been to four countries: Japan, when I was a kid; the United States, when I was in high school; China, after my third year at university; and India, with my best friend last winter.

4개국에 가봤다. 어릴 때 일본에 가 봤고, 고등학생 때 미국에 가 봤다. 대학교 3학년을 마치고는 중국에 갔으며, 지난겨울 가장 친한 친구와 인도에 다녀왔다.

Words & Phrases

well-traveled: 여행 경험이 풍부한
popular destination: 인기 있는 여행지
move across the continent: 대륙을 횡단하다
travel tips: 여행 정보, 여행에 대한 조언
transit entry: 일시 입국, 통과 수속

Memo

Do you read the newspaper every day?
매일 신문을 읽나요?

A

Sample Diary Entry

I don't have time. We get a newspaper, but I'm usually rushing to leave the house in the morning. But I try to read a little bit each day.

시간이 없다. 신문을 받긴 하지만, 보통은 아침에 급히 서둘러서 집을 나선다. 하지만 매일 조금이라도 읽으려고 노력하고 있다.

Words & Phrases

local paper: 지역 신문
subscription: 정기 구독
keep someone up-to-date: ~에게 최신 정보를 알려주다
editorial: (신문이나 잡지의) 사설
reliability: 신뢰성

Memo

How are you feeling right now?
지금 기분이 어떤가요?

A

Sample Diary Entry

I'm feeling good, but a little tired. I had to get up early today to catch a bus. But I almost missed it, so I had to run to the bus stop.

기분이 좋긴 하지만, 조금 피곤하다. 오늘은 버스를 타기 위해 일찍 일어나야 했다. 그런데 버스를 거의 놓칠 뻔해서 정류장까지 뛸 수밖에 없었다.

Words & Phrases

mood: 기분, 심정
bored: 지루한
lazy: 게으른, 나태한
exhausted: 기진맥진한
content: 만족하는
pleased: 기쁜, 즐거운

What are you doing this weekend?

이번 주말에 무엇을 할 예정인가요?

A

Sample Diary Entry

This weekend I'm going to visit my grandmother. She lives in a town that's a 20-minute drive from my house. We're going to celebrate her birthday with dinner and cake.

이번 주말에 나는 할머니를 찾아갈 것이다. 할머니께서는 우리 집에서 차로 20분 떨어진 마을에서 살고 계신다. 우리는 저녁 식사와 케이크를 먹으며 할머니의 생신을 축하할 예정이다.

Words & Phrases

busy: 바쁜
anticipation: 기대, 예상
plan ahead: 미리 계획을 세우다
look forward to ~: ~을 고대하다, ~을 즐겁게 기다리다
make the most of ~: ~을 최대한 활용하다
get errands done: 심부름을 하다

Who is your favorite author?

좋아하는 작가는 누구인가요?

A

Sample Diary Entry

My favorite author is Haruki Murakami. I read his book "Norwegian Wood" in high school and immediately loved his style. Since then, I've read every book he has written.

내가 좋아하는 작가는 무라카미 하루키다. 나는 고등학생 때 그의 작품 《노르웨이의 숲》을 읽고 바로 그의 스타일에 빠져버렸다. 그 후로 그가 쓴 책을 모두 읽었다.

Words & Phrases

bookworm: 책벌레, 독서광
own: 소유하다
someone's latest book: ~의 최신작
effortless: 힘이 들지 않는, 쉬운
originality: 독창성
masterpiece: 걸작, 명작

231

Do you have any personality flaws that you would like to correct?

고치고 싶은 성격상 결점이 있나요?

A

Sample Diary Entry

I have quite a few personality flaws, but I am not so worried about trying to correct them unless they negatively affect the people I care about.

성격상 결점이야 많지만, 내가 소중히 여기는 사람들에게 부정적인 영향을 끼치지 않는다면, 결점을 고치는 것에 크게 신경 쓰지 않는다.

Words & Phrases

come across as ~: ~라는 인상을 주다
tend to be ~: ~하는 경향이 있다
defensive: 방어적인
aloof: 냉담한, 무관심한
eccentric: 별난, 괴짜인
pushover: 남의 말에 잘 휘둘리는 사람, 만만한 사람

Have you ever been stung by a bee?
벌에 쏘인 적이 있나요?

A

Sample Diary Entry

I remember being stung by a giant black hornet when I was 17 years old. The stinger was stuck in my skin. It was a frightening experience.

17살 때 크고 검은 말벌에 쏘인 일이 생각난다. 벌침이 내 피부에 박혀 있었다. 무서운 경험이었다.

Words & Phrases

venom: 독, 독액
first aid: 응급 처치
insect sting allergy: 곤충에 쏘였을 때 나타나는 알레르기
hive: 벌집
painkiller: 진통제

What's your favorite form of exercise?

어떤 형태의 운동을 좋아하나요?

A

Sample Diary Entry

I don't like exercise for its own sake. I like "urban hiking" — walking through interesting parts of the city — and dancing to great music on a Saturday night.

나는 운동 자체가 목적인 운동은 좋아하지 않는다. 나는 도시의 흥미로운 곳을 돌아다니는 시내 산책을 좋아한다. 그리고 토요일 저녁에는 멋진 음악에 맞춰 춤을 추는 것을 좋아한다.

Words & Phrases

biking: 자전거 타기
trail running: 트레일 러닝(산길을 달리는 운동)
strength training: 근력 운동
combine: 결합하다, 병행하다
endorphin effect: 엔도르핀 효과

Q 234

What is the best and worst live performance you've ever seen?

지금까지 본 최고와 최악의 라이브 공연은 무엇인가요?

A

Sample Diary Entry

The worst was a singing performance by a friend, who was totally off-key and sang like a crow. The best was an incredible performance by The Buena Vista Social Club.

최악의 공연은 친구의 노래 공연이었는데, 그 친구는 음정이 완전히 틀린 채로 까마귀처럼 불렀다. 최고의 공연은 부에나 비스타 소셜 클럽의 놀라울 정도로 멋진 공연이었다.

Words & Phrases

show up late: 늦게 등장하다
get canceled: 취소되다
cut short: 갑자기 끝내다, 중단시키다
mesmerizing: 매료시키는
full of energy: 활력이 넘치는
legendary: 전설적인

Memo

Have you ever been to a school reunion?

학교 동창회에 가본 적이 있나요?

A

Sample Diary Entry

I went to a high school reunion 20 years after I had left. I was shocked to see the thinning hair on many of my former male classmates.

졸업한 지 20년 후에 고등학교 동창회에 나갔다. 나는 많은 남자 동창생의 머리숱이 적어지는 모습을 보고 충격을 받았다.

Words & Phrases

unrecognizable: 알아볼 수 없는
awkward: 서투른, 어색한
haven't changed a bit: 조금도 변하지 않다
bring back fond memories: 좋은 기억을 상기시키다

236

What has been your best dining out experience?

가장 좋았던 외식 경험은 무엇인가요?

A

Sample Diary Entry

My best dining out experience was probably at a restaurant in Switzerland. I still remember the mouth-watering taste of that amazing fondue.

스위스의 음식점에서 한 외식 경험이 가장 좋았던 것 같다. 기가 막힌 퐁뒤의 군침 돌게 하는 맛이 아직도 기억에 남아 있다.

Words & Phrases

recommendation: 추천
freshly prepared: 신선하게 조리된
tasty: 식욕을 돋우는, 맛있는
welcoming: 따뜻하게 맞이하는, 우호적인
friendly: 친절한, 다정한
good company: 좋은 친구

Memo

237

When was the last time you stayed up all night?

마지막으로 밤을 샜던 때는 언제인가요?

A

Sample Diary Entry

I missed my last subway train Friday night. I ended up going with some friends to a cafe where we planned to sleep, but we ended up talking until the first train.

나는 금요일 밤에 마지막 지하철을 놓쳤다. 결국 친구들과 함께 카페에 가서 눈을 좀 붙이려고 했지만, 결국 우리는 첫차가 다닐 때까지 계속 이야기를 나눴다.

Words & Phrases

cram: 벼락치기 공부를 하다
finish an assignment: 과제를 끝내다
have a night out: 밖에서 밤을 보내다
crack of dawn: 새벽
sleep deprivation: 수면 부족

Memo

238

What good deeds have you done recently?
최근에 한 선행은 무엇인가요?

A

Sample Diary Entry

I usually give up my seat on the subway train to elderly people. But sometimes, when I look at their smooth skin after they sit down, I think they might be younger than me!

나는 보통 지하철에서 나이든 분들께 자리를 양보해 드린다. 하지만 가끔 자리에 앉은 그들의 매끈한 피부를 보면, 그들이 나보다 더 어릴지도 모른다는 생각이 든다!

Words & Phrases

assist: 돕다, 원조하다
fund-raising activity: 모금 활동
donate: 기부하다
volunteer for ~: ~에 지원하다
pick a trash: 쓰레기를 줍다
conserve water: 물을 아껴 쓰다

Memo

239

If you could turn into someone famous just for one day, who would it be?

하루 동안만 유명인으로 변신할 수 있다면, 누구로 변하고 싶은가요?

A

Sample Diary Entry

I wouldn't want to turn into anyone famous — even for just one day — because I would hate to be followed by photographers or hear high-pitched voices squealing my name.

설사 하루 동안이라도 유명인으로 변신하고 싶지는 않다. 사진기자들이 내 뒤를 따라다니는 것도 싫고, 시끄럽게 내 이름을 외치는 소리도 듣고 싶지 않기 때문이다.

Words & Phrases

professional athlete: 프로 운동선수
perform on stage: 무대에서 공연하다
power: 힘, 권력
royal family member: 왕실 가족
talented: 재능 있는
billionaire: 억만장자

 240

Is there a comic book that you would like to see turned into a live-action movie?

실사 영화로 제작되는 것을 보고 싶은 만화책이 있나요?

A

Sample Diary Entry

I don't read comic books, so I don't know. When I was 15 years old, though, my friends and I used to read romance comics by the river on hot summer days.

나는 만화책을 읽지 않아서 잘 모른다. 하지만 15살 때, 무더운 여름날 강변에서 친구들과 순정만화를 읽곤 했다.

Words & Phrases

cast: 배역, 출연 배우
crucial: 매우 중요한
quality: 품질
disappointment: 실망, 낙담
laughable: 웃기는, 터무니없는
masterpiece: 걸작, 명작

 **241**

What is your favorite flower?
어떤 꽃을 좋아하나요?

A

Sample Diary Entry

I really like the tiger lily. Its color is just so fiery and vibrant! I think it's called "tiger" because there are spots on its petals, but don't tigers have stripes?

나는 참나리(타이거 릴리)를 정말 좋아한다. 참나리의 색깔은 정말 강렬하고 생동감이 넘친다! 꽃잎에 점이 있어서 이름에 '호랑이'가 들어가는 것 같은데, 호랑이의 무늬는 줄무늬가 아닌가?

Words & Phrases

sunflower: 해바라기
carnation: 카네이션
tulip: 튤립
rose: 장미
language of flowers: 꽃말
scent of a flower: 꽃향기

 242

What is your favorite museum?

어떤 미술관을 좋아하나요?

A

Sample Diary Entry

My favorite museum is Hankuk Art Museum in Yongin. It's good to spend time in that area after I see the artworks because there are other interesting places like Korean Folk Village and Everland nearby.

나는 용인에 있는 한국미술관을 좋아한다. 미술작품들을 본 후에 그 지역에서 시간을 보내기 좋은데, 근처에 한국민속촌과 에버랜드와 같은 다른 흥미로운 곳이 있기 때문이다.

Words & Phrases

modern art: 현대 미술
classical art: 고전 미술
museum artifact: 미술관 소장품
exhibit: 전시
natural history: 자연사
architecture: 건축

Memo

Q 243

Which Nobel Prize laureate has impressed you the most?

가장 인상 깊었던 노벨상 수상자는 누구인가요?

A

Sample Diary Entry

Malala Yousafzai. This brave and articulate woman, who is the youngest-ever person to receive the Nobel prize, is working hard to promote girls' education around the world.

말랄라 유사프자이다. 이 용감하고 똑똑한 여성은 최연소의 나이로 노벨상을 받았는데, 세계 곳곳에 있는 소녀들의 교육 증진을 위해 열심히 일하고 있다.

Words & Phrases

awards ceremony: 시상식
recipient: 수상자
deserving of ~: ~을 받을 만한
improve the lives of ~: ~의 삶을 개선하다
prosperity: 번영, 번성

How tidy is your house?
당신의 집은 얼마나 깔끔한가요?

A

Sample Diary Entry

It is pretty tidy because my husband likes to have things in their proper places. I try very hard to put things away immediately after using them.

남편이 물건을 제자리에 두는 것을 좋아해서 꽤 깔끔한 편이다. 나는 물건을 쓴 후에 즉시 치우려고 상당히 노력하고 있다.

Words & Phrases

label: 라벨을 붙이다
trash bin: 쓰레기통
get rid of ~: ~을 제거하다
assigned place: 정해진 장소
priority: 우선 사항
dust: 먼지를 털다

Are you a tightwad or a spendthrift?
당신은 구두쇠인가요, 아니면 낭비하는 사람인가요?

A

Sample Diary Entry

I hate wasting money, but I don't mind spending it on good things. I find I can save money in the long run when I buy higher quality things.

돈을 낭비하는 것을 싫어하지만, 좋은 물건에 돈을 쓰는 것은 마다하지 않는다. 장기적으로 보면, 품질이 더 좋은 제품을 사는 편이 돈을 절약할 수 있다는 것을 안다.

Words & Phrases

overspending: 낭비
retailer: 소매상
(be) on a shopping spree: 돈을 흥청망청 쓰는
budget: 예산
invest: 투자하다

What is your oldest clothing item in your closet?

옷장 안에 있는 옷 중 가장 오래된 것은 무엇인가요?

A

Sample Diary Entry

I still wear some sweaters that I have had since university. This weekend, I am going to go through my closet and throw away all my old clothes.

나는 대학생 때부터 입던 스웨터 몇 개를 아직도 입는다. 이번 주말에는 옷장을 정리하면서 오래된 옷을 모두 버릴 예정이다.

Words & Phrases

well-worn: 오래 입어서 낡은, 진부한
(be) attached to ~: ~에 애착을 느끼는
fit snugly: 잘 맞다
classic: 유행을 타지 않는, 표준적인
never go out of style: 결코 유행에 뒤처지지 않다

Do you have something that you just don't have the heart to throw away?

버리고 싶은 마음이 생기지 않는 물건이 있나요?

A

Sample Diary Entry

Love letters from old boyfriends. But now that I am married, I really should throw them away. I would hate it if my husband kept his old love letters!

예전 남자 친구들이 준 연애편지다. 그러나 지금 난 결혼을 했으니 그것들을 정말 버려야 한다. 만약 남편이 자신의 예전 연애편지를 간직하고 있다면 나도 싫을 것 같다!

Words & Phrases

stuffed toy: 봉제 인형
ex: 전(前) ~
keepsake: 기념품, 유품
broken: 고장 난, 부서진
expensive: 비싼
unused: 사용하지 않은

Memo

248

What's your guilty pleasure?

약간의 죄책감을 동반하는 당신의 오락거리는 무엇인가요?

A

Sample Diary Entry

Playing online games during my commute. I know I should be doing more productive things like reading, but it seems time goes faster when I play games.

통근 시간에 인터넷 게임을 하는 것이다. 독서와 같은 보다 생산적인 일을 해야 한다는 것을 알지만, 게임을 할 때 시간이 더 빨리 가는 것 같다.

Words & Phrases

morning nap: 아침 잠
Internet message board: 인터넷 게시판
eat an entire box of ~: ~을 한 상자 전부 먹다
late night snack: 야식
gossip magazine: 가십 잡지
regift: 선물 받은 것을 다른 사람에게 주다

249

Do you have a driver's license? If so, do you like driving?

운전면허증을 가지고 있나요? 그렇다면 운전하는 것을 좋아하나요?

A

Sample Diary Entry

Yes, I received my driver's license when I was 19. I don't have a car now, but I used to love taking my car out for a spin on a beautiful, sunny day.

가지고 있다. 난 19살 때 운전면허증을 땄다. 지금은 차를 가지고 있지 않지만, 예전에는 화창하고 맑은 날에 가볍게 드라이브하는 것을 아주 좋아했다.

Words & Phrases

out of necessity: 필요해서, 부득이하게
can do without ~: ~이 없어도 괜찮다
driving skill: 운전 기술
joy of driving: 운전하는 즐거움
autonomous driving: 자동 운전

Are you comfortable eating out by yourself?

혼자서 외식하는 것을 편하게 느끼나요?

A

Sample Diary Entry

I sure am! I do it all the time. It seems very normal to me. I enjoy my own company as well as the company of others!

물론이다! 나는 늘 그렇게 한다. 나에게는 지극히 평범한 일이다. 나는 다른 사람과 함께할 때만큼이나 혼자 있는 것도 즐긴다.

Words & Phrases

a full-course meal: 풀코스 식사
feel comfortable -ing: ~하는 것을 편하게 느끼다
feel rushed: 조급함을 느끼다
sit at a counter seat: 카운터 자리에 앉다
share a table: 합석하다

Memo

251

Which do you prefer, hotels or resorts?

호텔과 리조트 중 어디를 더 좋아하나요?

A

Sample Diary Entry

It depends. If I am alone, I would take a clean hotel room, but if I am with my friends, resorts are better than hotels. We can enjoy swimming in the pool or have a chat in the cool lounge.

경우에 따라 다르다. 혼자 있다면 깨끗한 호텔 객실을 얻겠지만, 친구들과 함께라면 리조트가 호텔보다 낫다. 우리는 수영장에서 수영을 즐기거나, 시원한 라운지에서 수다를 떨 수 있다.

Words & Phrases

set mealtime: 정해진 식사 시간
hot spring: 온천
bedding: 침구
dining in the guestroom: 객실에서 하는 식사
relaxing: 마음을 느긋하게 해주는

Memo

Q 252

Do you have a favorite convenience store chain?

좋아하는 편의점 체인이 있나요?

A

Sample Diary Entry

No, I don't. I can't remember the last time I went into a convenience store. I like to go out for lunch so I rarely buy a lunch box.

없다. 마지막으로 편의점에 간 것이 언제인지 기억도 나지 않는다. 나는 점심을 밖에서 먹는 것을 좋아해서 도시락은 거의 사지 않는다.

Words & Phrases

open seven days a week: 주중 무휴인
open around the clock: 24시간 영업하는
nearest: 가장 가까운
fresh coffee: 신선한 커피, 갓 내린 커피
frequenter: 단골 손님
e-money: 전자 화폐

Memo

 253

Can you swim?
수영할 수 있나요?

A

Sample Diary Entry

Yes, I love swimming — but not in public pools. They are sometimes too noisy and confining. I like floating on my back in cool, clean seas.

할 수 있다. 공공 수영장에서가 아니라면 수영하는 것을 아주 좋아한다. 공공 수영장은 때때로 너무 시끄럽고 제약을 받는다. 시원하고 깨끗한 바다에 누워서 떠다니는 것을 좋아한다.

Words & Phrases

can't swim a stroke: 수영을 전혀 할 줄 모르다
put one's face in the water: 얼굴을 물속에 담그다
swim ring: 튜브
breast stroke: 평영
swimsuit: 수영복

Have you ever climbed Mount Halla?

한라산에 올라가본 적이 있나요?

A

Sample Diary Entry

Yes, I have, and I was so excited by the experience. The time I went, though, the weather was chilly and the wind was strong. I could climb to the top and see snow-covered Baengnokdam.

올라가본 적이 있는데, 그 경험 때문에 무척 흥분했었다. 하지만 내가 갔을 때는 날씨가 춥고 바람에 세게 불긴 했다. 나는 꼭대기까지 올라가서 눈 덮인 백록담을 볼 수 있었다.

Words & Phrases

fifth station: 5부 능선
summit: 정상
view the rising sun: 아침 해를 바라보다
lodge: 오두막, 산장
prevent altitude sickness: 고산병을 예방하다

Memo

Q 255

What is your favorite holiday?
무슨 휴일을 좋아하나요?

A

Sample Diary Entry

When I think of Christmas, I think of all my family getting together, great food, beautiful music, gorgeous decorations and festive parties. No other holiday can ever come close.

크리스마스를 떠올리면, 함께 모인 나의 모든 가족, 맛있는 음식, 아름다운 음악, 멋진 장식품들과 즐거운 파티가 생각난다. 다른 어떤 휴일도 크리스마스에 미치지는 못한다.

Words & Phrases

New Year's Day: 새해 첫날. 정월 초하루
Independence Day of Korea: 광복절
National Foundation Day: 개천절
Hangul Proclamation Day: 한글날
three-day weekend: (토 · 일을 포함한) 3일의 연휴
consecutive holidays: 연휴

Memo

Have you ever won a lottery?
복권에 당첨된 적이 있나요?

A

Sample Diary Entry

I never buy lottery tickets. I think they are a waste of money. Put the money you would have spent on buying tickets in your savings account instead.

나는 절대 복권을 사지 않는다. 그건 돈 낭비라고 생각한다. 복권을 사는 데 쓸 돈을 대신 은행 계좌에 넣어라.

Words & Phrases

choose numbers: 숫자를 고르다
lottery stand: 복권 판매점
draw the lottery: 제비를 뽑다
first prize: 일등
draw a blank: 꽝을 뽑다
millionaire: 백만장자

There are many types of cuisine — Japanese, Chinese, French, etc. Which is your favorite?

요리에는 일본 요리, 중국 요리, 프랑스 요리 등 여러 종류가 있습니다. 당신은 어떤 요리를 좋아하나요?

A

Sample Diary Entry

I love bold flavors, so my favorite type of food is Sichuan, a style of cuisine from the Sichuan province in China. The dishes are always spicy, hot, fresh and fragrant.

나는 강렬한 맛을 아주 좋아해서, 중국 쓰촨 지방의 요리 스타일인 쓰촨 요리를 좋아한다. 쓰촨 요리는 언제나 자극적이고 매우며 신선하고도 향이 강하다.

Words & Phrases

never get tired of ~: ~에 질리지 않다
authentic: 진짜의, 진정한
healthy: 건강에 좋은
diverse: 다양한
natural flavor: 천연의 맛, 자연의 맛

Memo

Q 258

Which occupation would you not want to pursue?

해보고 싶지 않은 직업은 무엇인가요?

A

Sample Diary Entry

I would not want to be a therapist. I think I am overly empathetic, and I tend to empathize too much with people in pain. I wouldn't be able to do a professional job.

치료사가 되고 싶지는 않다. 나는 감정 이입을 너무 잘해서 고통받는 사람들에게 지나치게 공감하는 경향이 있다. 그래서 전문가로서 일할 수 없을 것이다.

Words & Phrases

career choice: 직업 선택
miss one's calling: 진로 선택을 잘못하다
have no aptitude for ~: ~에 적성이 없다
(be) afraid of ~: ~을 무서워하는
make a good ~: 좋은 ~이 되다

Have you ever been on a camping trip?

캠핑 여행을 한 적이 있나요?

A

Sample Diary Entry

My family and I used to go camping every summer. All six of us would fit into one tent, and we would tell each other stories at bedtime.

우리 가족과 나는 매년 여름 캠핑을 가곤 했다. 우리 여섯 명은 모두 한 텐트에 들어갈 수 있는데, 잠자리에 누워 서로에게 이야기를 들려주곤 했다.

Words & Phrases

put up a tent: 텐트를 치다
make a fire: 불을 피우다
under the stars: 별 아래에서
outdoor: 야외의
campsite: 캠핑장
bug repellent: 방충제

Memo

What kind of activity calms you down?

어떤 행동을 하면 마음이 진정되나요?

A

Sample Diary Entry

Whenever I feel anxious, I find that going for a walk calms me down. Looking at different scenery as well as getting some exercise really helps to clear my head.

불안감을 느낄 때마다 산책이 나를 진정시킨다는 점을 알고 있다. 운동을 하는 것뿐만 아니라 다른 풍경을 보는 것은 머릿속을 비우는 데 정말 도움이 된다.

Words & Phrases

the benefits of laughing: 웃음의 이점
cry loudly: 큰 소리로 울다
sing at the top of one's voice: 큰 소리로 노래 부르다
play with the cat: 고양이와 놀다
work on a garden: 정원을 가꾸다

Memo

261

Which historical moment would you liked to have been a witness?

어떤 역사적 순간의 목격자가 되고 싶나요?

A

Sample Diary Entry

I would liked to have experience Martin Luther King Jr.'s "I have a dream" speech. America was separated on racial issues at the time. This was a turning point for America.

마틴 루터 킹의 '나에게는 꿈이 있습니다'라는 연설을 경험해보고 싶다. 미국은 당시 인종 문제로 분열되어 있었다. 이 연설은 미국의 전환점이 되었다.

Words & Phrases

alter the course of history: 역사의 흐름을 바꾸다
determine the future fate of ~: ~의 장래 운명을 결정하다
life-changing: 삶을 바꿀 만한
consequence: 결과

Memo

 **262**

Do you like dancing?
춤추는 것을 좋아하나요?

A

Sample Diary Entry

I love dancing. I used to go dancing at night clubs when I was in college. Now I am a bit older, and get tired pretty quickly.

나는 춤추는 것을 아주 좋아한다. 대학에 다닐 때는 춤을 추러 나이트클럽에 가곤 했다. 지금은 조금 나이가 들어 꽤 빨리 지쳐 버린다.

Words & Phrases

different styles: 다양한 양식
sense of rhythm: 리듬감
break into a dance: 춤추기 시작하다
dance move: 춤 동작
creative: 창의적인
release stress: 스트레스를 해소하다

Memo

Do you always vote?

항상 투표를 하나요?

A

Sample Diary Entry

I always go to the polls on Election Day. I am a very politically motivated person. I believe voting is the most direct way citizens can have an impact on their government.

선거일이 되면 난 항상 투표소에 간다. 나는 정치적으로 매우 적극적인 사람이다. 나는 투표가 시민들이 정부에 영향력을 행사할 수 있는 가장 직접적인 방법이라고 믿는다.

Words & Phrases

hope: 희망하다, 기대하다
candidate: 후보자
trusting relationship: 신뢰 관계
true happiness: 진정한 행복
in the long run: 장기적으로는
campaign pledge: 선거 공약

What historical sites have you visited?

어떤 유적지를 방문해 봤나요?

A

Sample Diary Entry

I have visited the city of St. Augustine in Florida. It is the oldest city in the United States. The city is famous for its beautiful Spanish architecture.

나는 플로리다 주에 있는 도시, 세인트오거스틴을 방문해 본 적이 있다. 세인트오거스틴은 미국에서 가장 오래된 도시다. 그 도시는 아름다운 스페인 건축물로 유명하다.

Words & Phrases

man-made: 사람이 만든
ancient civilization: 고대 문명
primitive: 원시의
over the centuries: 몇 세기에 걸쳐서
the Seven Wonders of the World: 세계 7대 불가사의의

Memo

 265

Do you have a life plan?
인생의 계획이 있나요?

A

Sample Diary Entry

My life plan is to build a successful business. I plan on selling the business and retiring early. Then, I can focus on my passion which is writing music.

내 인생의 계획은 성공적인 사업을 구축하는 것이다. 나는 그 사업체를 팔고 일찍 은퇴할 계획이다. 그러면 작곡을 향한 내 열정에 집중할 수 있다.

Words & Phrases

life map: 인생 설계
purpose: 목적
short-term goal: 단기적 목표
milestone: (인생 등의) 중요한 사건
principle: 원칙, 지침, 신념
strategy: 전략

Q 266

Do you sleep lying face down or on your back?

엎드려 자나요, 아니면 똑바로 누워 자나요?

A

Sample Diary Entry

I sleep lying face down. Actually, I only have half of my face on the pillow. This is the most comfortable position for me to sleep in.

나는 엎드려 잔다. 사실 베개에 얼굴의 절반만 묻고 잔다. 이것이 잠을 자는 나에게 가장 편안한 자세다.

Words & Phrases

with arms and legs spread out: 팔다리를 대자로 뻗어서
sleep on one's side: 옆으로 누워 자다
toss around: 뒤척이면서 자다
sleep wrong: 잠을 잘못 자다
get sound sleep: 숙면을 취하다

Memo

Would you say you are an honest person?

자신이 정직한 사람이라고 말할 수 있나요?

A

Sample Diary Entry

I would say that I am an honest person. But I must say, it is very difficult to always be honest. A lot of people don't want to hear the truth.

나는 내가 정직한 사람이라고 말할 수 있다. 하지만 늘 정직하기란 매우 어려운 일이라고 말해야겠다. 많은 사람이 진실을 듣고 싶어 하지 않는다.

Words & Phrases

(be) bad at lying: 거짓말을 잘 못하는
Honesty doesn't pay.: 정직한 사람이 손해를 본다.
white lie: 악의 없는 거짓말, 선의의 거짓말
flexible: 유연한, 융통성 있는
lose credit: 신용을 잃다

Memo

 **268**

Who would you like to talk to right now?
지금 이야기를 나누고 싶은 사람은 누구인가요?

A

Sample Diary Entry

I would like to be sitting down and talking to my Dad right now. And not just talking, but drinking a beer with him on our back porch.

나는 지금 앉아서 아빠와 이야기를 나누고 싶다. 그리고 그저 이야기만 하는 것이 아니라, 뒷베란다에서 맥주를 함께 마시고 싶다.

Words & Phrases

best friend: 가장 친한 친구
chat with ~: ~와 담소를 나누다
ask for advice: 조언을 구하다
confidential talk: 숨김없이 털어놓는 이야기, 속말
talk over ~: ~을 먹으면서[마시면서] 이야기하다
prattle about love: 사랑에 관해 수다를 떨다

Memo

Is there anything that you regret from the bottom of your heart?

가슴 깊이 후회하는 일이 있나요?

A
....
....
....

Sample Diary Entry

I sometimes regret leaving my hometown. I have so many good friends and so many good memories in my hometown. But everyone has to grow up and get out into the world eventually.

나는 때때로 고향을 떠나온 일을 후회한다. 고향에는 좋은 친구도 아주 많고 좋은 추억도 아주 많다. 하지만 사람은 모두 성장하여 결국에는 세상 속으로 나가야 한다.

Words & Phrases

abandon one's effort to ~: ~에 대해 노력하는 것을 단념하다
break up with ~: ~와 헤어지다
think about family: 가족을 생각하다
take care of one's health: 건강을 돌보다

Memo

What are your plans for tomorrow?
내일 계획은 무엇인가요?

A

Sample Diary Entry

Tomorrow I have to go to work in the morning. In the evening, I plan to meet up with some friends for dinner and drinks. I will probably be up late.

내일 아침에는 일하러 나가야 한다. 저녁에는 친구들과 만나 저녁을 먹고 술을 한잔할 것이다. 아마도 늦게까지 안 잘 것 같다.

Words & Phrases

go shopping: 쇼핑하러 가다
go to a movie: 영화 보러 가다
make a business trip: 출장 가다
have an appointment at the dentist: 치과 예약이 있다
work out at the gym: 헬스클럽에서 운동하다

Memo

Q 271

Is there anything that you would like to eat right now?

지금 먹고 싶은 것이 있나요?

A

Sample Diary Entry

Not at the moment because I have just had lunch. If you had asked me a couple hours ago, I would have said I would like to eat a Caesar salad.

점심을 방금 먹어서 지금은 먹고 싶은 것이 없다. 만약 두어 시간 전에 질문을 했다면, 나는 시저 샐러드를 먹고 싶다고 말했을 것이다.

Words & Phrases

crave for ~: ~을 갈망하다
make one's mouth water: 식욕을 돋우다, 군침 나게 하다
grab ~ to eat: 가볍게 ~을 먹다
(be) picky about food: 식성이 까다로운
have little appetite: 입맛이 없다

Are you thin, average or heavyset?

당신은 말랐나요, 보통 체격인가요, 아니면 몸집이 큰가요?

A

Sample Diary Entry

I am average. I went to a party once, and someone there described me as thin and another person, in a separate discussion but at the same party, described me as large!

보통 체격이다. 예전에 파티에 간 적이 있었는데, 어떤 사람은 나보고 말랐다고 했고, 같은 파티에서 다른 이야기를 하고 있던 또 다른 사람은 내 체격이 크다고 말했다!

Words & Phrases

weigh ~kg: 체중이 ~kg이다
have high body fat: 체지방이 많다
toned: 탄력 있는
medium-built: 보통 체격의
clothing size: 옷 사이즈
in a healthy range: 건강한 범위에서

Memo

Do you have any siblings?

형제 혹은 자매가 있나요?

A

Sample Diary Entry

I have an older brother, an older sister and a younger sister. My parents were very good at making us all feel special, so I never felt like an overlooked middle child.

오빠와 언니, 그리고 여동생이 있다. 부모님은 우리 모두가 특별하다고 생각하게 만드는 능력이 탁월하셨기 때문에, 내가 중간 아이라서 관심을 덜 받는다고 느껴본 적이 없다.

Words & Phrases

only child: 외동
elder/older: 나이가 더 많은
younger: 나이가 더 적은
firstborn child: 첫째 아이
the youngest of three children: 세 아이의 막내

Memo

Do you have a favorite hangout?

좋아하는 단골집이 있나요?

A

Sample Diary Entry

I do. There is a pub downtown that has live music, with no cover charge, and I go there at least once a month. There is always someone there to talk to.

있다. 봉사료 없이 라이브 음악을 들을 수 있는 번화가에 있는 술집인데, 나는 적어도 한 달에 한 번은 그곳에 간다. 그곳에는 항상 이야기를 나눌 수 있는 사람들이 있다.

Words & Phrases

coffee shop/cafe: 카페
friend's place: 친구의 집
casual restaurant: 캐주얼 레스토랑
cozy: 아늑한, 편안한
feel at ease: 편안하다

Memo

Do you play any musical instruments?
악기를 연주하나요?

A

Sample Diary Entry

When I was young, I had piano lessons on Mondays and Thursdays, violin lessons at noon on Wednesdays, and clarinet lessons during the music class at my regular school.

어릴 적에 월요일과 목요일엔 피아노 레슨을, 수요일 정오에는 바이올린 레슨을 받았고, 학교 음악 시간에는 클라리넷을 배웠다.

Words & Phrases

play the guitar: 기타를 치다
play drums: 드럼을 연주하다
brass band: 브라스 밴드, 취주 악단
recital: 연주회, 발표회
read music: 악보를 읽다
play by ear: 악보 없이 연주하다

Memo

Do you have a green thumb?

화초를 키우는 데 재능이 있나요?

A

Sample Diary Entry

I have never had a garden, so I don't really know if I have a green thumb. But I do have three houseplants, and they are still alive after 15 years.

나는 정원을 가져본 적이 없어서 내가 화초를 키우는 데 재능이 있는지 확실히 모른다. 하지만 실내용 분재 세 개를 가지고 있는데, 15년이 지난 지금도 살아 있다.

Words & Phrases

garden: 정원, 원예를 하다
plant: 심다
flowerbed: 화단
flowerpot: 화분
houseplant: (실내용) 분재 화초
water: 물을 주다

Do you ever get motion sickness?

멀미를 하나요?

A

Sample Diary Entry

I always ask to sit in the front passenger seat of a car because I suffer terribly from motion sickness in the back. I have noticed that some cars are worse than others.

나는 뒷좌석에서는 멀미를 심하게 하기 때문에, 항상 자동차의 앞자리 조수석에 앉게 해달라고 부탁한다. 어떤 자동차를 타면 다른 차에 탔을 때보다 멀미를 더 심하게 한다는 사실을 알게 됐다.

Words & Phrases

seasick: 뱃멀미
get airsick: 비행기 멀미를 하다
tour bus: 관광버스
gaze out the window: 창문 밖을 바라보다
breathe some fresh air: 신선한 공기를 마시다
distract oneself: 기분 전환을 하다

Memo

 278

When was the last time you had a haircut?

마지막으로 머리를 자른 것이 언제였나요?

A

Sample Diary Entry

I had a haircut last Saturday. When I was a young woman, I had very long hair. It actually reached below my bottom and I would often tuck it into my jeans by mistake.

지난 토요일에 머리를 잘랐다. 젊은 시절 나는 머리를 아주 길게 길렀다. 실제로 머리카락이 엉덩이 아래까지 내려와서 가끔 실수로 청바지 안에 집어넣기도 했다.

Words & Phrases

every two months: 두 달마다
trim: 다듬다, 깎아서 손질하다
bangs: 앞머리
hairstyle/hairdo: 머리 모양, 헤어스타일
split end: 끝이 갈라진 머리카락
grow out one's hair: 머리카락을 기르다

Memo

Do you have a favorite gemstone?

좋아하는 보석이 있나요?

A

Sample Diary Entry

Yes, emeralds. I love their beautiful, brilliant green. Fine emeralds are even more valuable than diamonds. An emerald is said to bring wisdom to its wearer.

그렇다, 에메랄드다. 에메랄드의 아름답고 반짝이는 녹색이 너무 좋다. 품질 좋은 에메랄드는 다이아몬드보다 훨씬 더 가치가 있다. 에메랄드는 지니고 있는 사람에게 지혜를 가져다준다고 한다.

Words & Phrases

birthstone: 탄생석
precious stone: 보석용 원석
sapphire: 사파이어
amethyst: 자수정
brilliant: 빛나는, 멋진
glitter: 반짝반짝 빛나다, 반짝이는 빛

Memo

How many languages can you speak?
몇 개 언어를 말할 수 있나요?

A

Sample Diary Entry

I can speak four languages. My husband speaks five! I learned French in school, so I was able to pick up Spanish quickly when I lived in Mexico.

나는 4개 언어를 할 수 있다. 내 남편은 5개 언어를 한다! 나는 학교에서 프랑스어를 배운 덕분에 멕시코에 살 때 스페인어를 빨리 익힐 수 있었다.

Words & Phrases

bilingual: 두 개 언어를 사용하는 사람
multilingual: 여러 언어를 사용하는 사람
everyday conversation: 일상 회화
fluently: 유창하게
pick up ~: ~을 익히다

What's your earliest memory?
당신의 가장 어릴 적 기억은 무엇인가요?

A

Sample Diary Entry

People don't believe me when I say that I remember coming out of my mother's womb into the world. It might have been a dream, but I remember the scene vividly.

내가 어머니의 자궁에서 세상으로 나올 때를 기억한다고 말하면, 사람들은 믿지 않는다. 그것은 꿈이었을지도 모르지만, 나는 그 장면이 생생하게 기억난다.

Words & Phrases

vaguely remember ~: ~을 어렴풋이 기억하다
clearly remember ~: ~을 분명하게 기억하다
recall -ing: ~을 상기하다
fade: (기억이) 희미해지다

Memo

Do you dye your hair?

머리카락을 염색하나요?

A

Sample Diary Entry

No, I don't. I used to dye my hair a lighter shade when I was younger, but I like to keep it dark nowadays. I think my natural hair color suits me better.

염색하지 않는다. 어릴 적에는 머리카락을 더 밝은 색상으로 염색하곤 했지만, 요즘은 어두운 색상을 그대로 두는 것을 선호한다. 자연스러운 머리 색상이 나에게 더 잘 어울리는 것 같다.

Words & Phrases

hair dye: 머리 염색약
dye one's hair brown: 머리를 갈색으로 염색하다
get one's hair bleached: 머리카락을 탈색하다
gray hair: 백발
damage: 손상시키다

Memo

Q 283

Do you wear hats often?
모자를 자주 쓰나요?

A

Sample Diary Entry

I never leave home without a hat during the summer. I make sure I protect myself from the hazardous UV rays. I don't wear hats as much in the winter.

여름에는 모자 없이는 절대 외출하지 않는다. 나는 유해한 자외선으로부터 나 자신을 확실하게 보호하려고 한다. 겨울에는 모자를 그렇게 많이 쓰지는 않는다.

Words & Phrases

sun hat: (챙이 넓은) 햇빛 차단용 모자
brim: 챙
baseball cap: 야구 모자
coordinate ~ with...: ~을 …와 어울리게 입다
fashion accessory: 패션 소품

Memo

What makes you think of summer?

당신에게 여름을 떠올리게 하는 것은 무엇인가요?

A

Sample Diary Entry

For me, certain smells evoke strong emotions and memories. It's hard to put a finger on it, but I always think, "Summer has arrived" when I smell summer in the air.

내 경우에는 특정한 냄새가 강렬한 감정과 기억을 불러일으킨다. 꼭 집어 말하기는 어렵지만, 공기 속에서 여름의 냄새를 맡으면 항상 여름이 왔다고 생각한다.

Words & Phrases

shaved ice: 빙수
morning glory: 나팔꽃
evening shower: 여름 오후에 내리는 소나기
chorus of cicadas: 매미의 합창 소리
fireworks display: 불꽃놀이

Memo

Is there anything that you wish you could tell your childhood self?

어린 시절의 당신 자신에게 해주고 싶은 말이 있나요?

A

Sample Diary Entry

No. I used to be fearless. I've become more conservative as I've grown older. I wouldn't want to say anything that might compromise that aspect of my childhood self.

없다. 예전에 나는 겁이 없었다. 나이가 들면서 나는 점점 더 보수적으로 변했다. 나는 어린 시절 나의 그런 면을 위축시키는 어떤 말도 하고 싶지 않다.

Words & Phrases

future self: 미래의 자신
grow up: 성장하다, 어른이 되다
go as planned: 계획대로 진행되다
come true: (꿈이) 이루어지다, 실현되다
I shouldn't have done it.: 그 일을 하지 말았어야 했는데.

Q 286

Have you ever skydived? Would you like to skydive one day?

스카이다이빙을 해본 적이 있나요? 언젠가 스카이다이빙을 해보고 싶나요?

A

Sample Diary Entry

No, I've never skydived in my life. It must be an exhilarating experience, but I probably wouldn't go through with it, even if I had the chance.

살면서 한 번도 스카이다이빙을 해본 적이 없다. 그것은 분명 짜릿한 경험이겠지만, 설사 기회가 있더라도 나는 아마 그것을 하지 않을 것이다.

Words & Phrases

thrilling: 흥분되는, 짜릿한
bird's-eye view: 높은 곳에서 내려다보는 풍경, 조감도
fearless: 무서움을 모르는, 겁 없는
(be) afraid of heights: 고소공포증이 있는
things to do before one die: 죽기 전에 해야 하는 일

Memo

Have you ever asked for someone's autograph?

누군가에게 사인을 요청한 적이 있나요?

A

Sample Diary Entry

I've never felt inclined to ask for someone's autograph. Even if I did, I wouldn't know what to do with it and I would probably end up misplacing it somewhere.

나는 누군가에게 사인을 요청하고 싶었던 적이 없다. 만약 사인을 요청했다고 해도 그것을 어떻게 해야 할지 몰라서 아마도 결국은 잃어버리고 말 것이다.

Words & Phrases

celebrity: 유명인, 저명인사
actor: 배우
athlete: 운동선수
author: 작가
handwritten: 손으로 쓴
in person: 본인이 직접

 288

What is your most valuable possession?

가지고 있는 물건 중 가장 소중한 것은 무엇인가요?

A

Sample Diary Entry

My watch would be the most valuable possession. It used to belong to my grandfather. It was handed down to me when I turned 20. It's a family heirloom.

내 시계가 가장 소중한 물건일 것이다. 그것은 원래 할아버지의 것이었다. 내가 20살이 되던 해 그것을 물려받았다. 가보인 셈이다.

Words & Phrases

engagement ring: 약혼 반지
antique furniture: 골동품 가구
bequest: 유산, 유물
heirloom: 가보
invaluable: 헤아릴 수 없을 만큼 귀중한
treasured memory: 소중한 추억

Memo

Who is your favorite actor?

좋아하는 배우는 누구인가요?

A

Sample Diary Entry

I like Matt Damon. I think he has a good eye when it comes to picking which projects he gets involved in. It seems that his movies are always interesting and entertaining.

나는 맷 데이먼을 좋아한다. 그는 자신이 참여할 작품을 고르는 눈이 좋다고 생각한다. 그의 영화는 모두 흥미롭고 재미있는 것 같다.

Words & Phrases

leading part/role: 주연
supporting part/role: 조연
character actor: 성격파 배우
appear in ~: ~에 출연하다
best known for ~: ~로 가장 잘 알려진
award-winning: 상을 받은

Memo

290

Can you recall any memorable sporting moments?

기억에 남는 스포츠 장면을 떠올릴 수 있나요?

A

Sample Diary Entry

In the 2002 World Cup Games, the match against Italy is still vivid in my memory. Ahn Jung-hwan scored a golden goal and the Korean team won the game! When he kissed his ring as a celebration, all the Korean people were almost mad with joy!

2002 월드컵 경기 당시 이탈리아와의 경기가 아직 내 기억 속에 생생히 살아 있다. 안정환이 골든 골을 넣고 한국 팀이 경기에서 승리했다! 그가 그의 반지에 입을 맞추며 골 세리머니를 했을 때 모든 한국 사람들은 기뻐서 거의 제정신이 아니었다.

Words & Phrases

Olympic Games: 올림픽 대회
world record: 세계 기록
international match: 국제 경기
defeat ~: ~을 이기다
impressive: 인상적인, 감동적인
dramatic victory: 극적인 승리

Memo

What was the scariest movie you have ever seen?

지금까지 본 영화 중 가장 무서운 것은 무엇이었나요?

A

Sample Diary Entry

"Saw." I usually avoid horror movies. However, my family was watching "Saw" on TV and I watched it, too. I couldn't sleep that night.

〈쏘우〉였다. 나는 보통 공포 영화를 피한다. 하지만 우리 가족이 TV에서 〈쏘우〉를 보고 있어서 나도 같이 봤다. 그날 밤 나는 잠을 잘 수 없었다.

Words & Phrases

horror movie: 공포 영화
monster: 괴물
zombie: 좀비
ghost: 유령
haunt: (유령이) 나타나다
spooky: 으스스한, 섬뜩한

Memo

Are you punctual?

당신은 시간을 잘 지키나요?

A

Sample Diary Entry

I try to be. I try to get to places five minutes prior to the designated time, just in case. I would rather wait for someone than make someone wait for me.

그렇게 하려고 노력한다. 나는 만약을 위해서 약속 시간보다 5분 전에 약속 장소에 도착하려고 노력한다. 상대방이 나를 기다리게 하는 것보다 내가 상대방을 기다리는 편이 더 낫다.

Words & Phrases

on time: 제시간에
allow enough time to ~: ~할 시간을 충분히 주다, 여유 있게 ~하다
habitually late: 습관적으로 늦는
behind schedule: 예정보다 늦게
keep ~ waiting: ~을 기다리게 하다

What is the nicest hotel you have ever stayed in?

머물러본 곳 중 가장 좋았던 호텔은 어디인가요?

A

Sample Diary Entry

That would be Palacio de Sal in Uyuni, Bolivia. Uyuni is famous for its salt desert, and all of the walls and pillars of the hotel are made of salt! When I saw the warning "Don't lick the wall", I had an impulse to taste the wall!

볼리비아의 우유니에 있는 팔라시오데살이 될 것이다. 우유니는 소금 사막으로 유명한데, 호텔의 모든 벽과 기둥이 소금으로 만들어져 있었다! 나는 "벽을 핥지 마시오"라는 경고 문구를 봤을 때 벽을 맛보고 싶은 충동이 들었다.

Words & Phrases

five-star hotel: 5성급 호텔, 최고급 호텔
pension: 펜션
bed and breakfast: 아침 식사가 제공되는 숙박
accommodation: 숙박 시설
location: 위치, 소재지
hospitality: 환대, 접대

Have you been saving for anything?

뭔가를 위해서 저축하고 있나요?

A
....

....

....

Sample Diary Entry

I used to save money to buy tickets for concerts of my favorite musicians. I don't really spend a lot of money nowadays, so I'm not saving for anything in particular.

예전에는 좋아하는 가수들의 콘서트 표를 사기 위해서 돈을 모으곤 했다. 요즘은 정말 돈을 많이 쓰지 않아서, 특별히 뭔가를 위해서 저축하고 있지는 않다.

Words & Phrases

study abroad: 유학하다
save for one's wedding: 결혼 자금을 모으다
housing fund: 주택 자금
prepare for old age: 노후에 대비하다
piggy bank: 돼지 저금통
treat oneself to ~: ~을 즐기다, ~을 큰맘 먹고 사다

Memo

Q 295

Did you sleep well last night?

어젯밤에 잘 잤나요?

A

Sample Diary Entry

Yes. I had a great night's sleep. I exercised a bit, ate lightly, and it was a cool night, so I slept like a baby. I felt invigorated in the morning.

그렇다. 아주 잘 잤다. 운동을 조금 하고 식사를 가볍게 한 데다 밤에 날씨도 시원해서 단잠을 잤다. 아침에 일어나니 활력이 넘치는 기분이었다.

Words & Phrases

get/have a full night's sleep: 밤새 푹 자다
fall asleep quickly: 빨리 잠들다
lose sleep over ~: ~이 걱정돼서 잠을 못 자다
lack of sleep: 수면 부족
sleeping pill: 수면제

Where were you born?

당신은 어디에서 태어났나요?

A

Sample Diary Entry

I was born and raised in Busan. I moved to Seoul to attend university when I was 19. My parents and relatives still live in Busan, so I go there during holidays.

나는 부산에서 태어나고 자랐다. 나는 19살 때 대학교를 다니려고 서울로 이사를 했다. 나의 부모님과 친구들은 아직 부산에 살고 있기 때문에 나는 휴일 동안에는 그곳에 간다.

Words & Phrases

birthplace: 출생지
give birth: 출산하다
return to one's parents' home: 부모님의 집으로 돌아가다
register the birth: 출생 신고를 하다
(be) named after ~: ~을 따서 이름 짓다

297

Do you like to travel?
여행을 좋아하나요?

A

Sample Diary Entry

Yes, I do. I love visiting places I've never been to. I like visiting historical sites, eating local delicacies, and simply soaking up the atmosphere.

좋아한다. 한 번도 가보지 못한 곳을 방문하는 것을 아주 좋아한다. 유적지를 방문하는 것, 지역의 별미를 먹어보는 것, 또 그저 그곳의 분위기에 젖어보는 것을 좋아한다.

Words & Phrases

take a trip: 여행하다
transportation: 교통 (기관)
on the road: 여행 중인
train trip: 기차 여행
travel by oneself: 혼자 여행하다
tourist attraction: 관광 명소

298

Have you ever sung Beethoven's Symphony No. 9 in a choir?

베토벤 교향곡 제9번을 합창으로 불러본 적이 있나요?

A

Sample Diary Entry

Yes, I have. My friend asked me if I wanted to join her choir group in a year-end event singing Beethoven's ninth. It was exhilarating.

있다. 친구가 나에게 베토벤 교향곡 제9번을 부르는 연말 행사를 하는 합창단에 참가하고 싶은지 물어봤었다. 정말 즐거운 경험이었다.

Words & Phrases

Ode to Joy: 환희의 송가
orchestra: 관현악단, 오케스트라
fourth movement: 제4악장
conductor: 지휘자
perform: 연주하다, 공연하다
masterpiece: 걸작, 명작

Do you go for walks?
산책을 하나요?

A

Sample Diary Entry

Yes, twice a day, because I have to walk my dog. I love walking with him because he is full of joy when he realizes it's time for his walk.

한다. 내가 기르는 개를 산책시켜야 하기 때문에 하루에 두 번 산책한다. 산책할 시간이 된 것을 알면 개가 너무나도 좋아하기 때문에, 나도 그와 함께 산책하는 것을 좋아한다.

Words & Phrases

take a walk: 산책하다
stroll: 산책하다
neighborhood: 근처, 이웃
pedometer: 만보계(걸음 수를 재는 기구)
take 10,000 steps a day: 하루에 만 보를 걷다
enjoy fresh air: 신선한 공기를 즐기다

Memo

Do you play video games?
비디오 게임을 하나요?

A

Sample Diary Entry

No, I don't. I know some games can be interesting, but it feels like I'm wasting my time. It's not my cup of tea, I suppose.

하지 않는다. 어떤 게임은 재미있다는 사실을 알고 있지만, 시간을 낭비하는 느낌이 든다. 내 취향과는 안 맞는 것 같다.

Words & Phrases

role-playing game: 롤플레잉 게임
multiplayer online game: 다중 참여형 온라인 게임
mobile game: 모바일 게임
cause eyestrain: 눈의 피로를 초래하다

What was your favorite type of school lunch?

가장 좋아했던 학교 급식은 무엇이었나요?

A

Sample Diary Entry

My favorite type of school lunch was spaghetti. I always loved spaghetti day. I would always look forward to Friday when they would serve spaghetti with meatballs at school.

가장 좋아했던 학교 급식은 스파게티였다. 스파게티가 나오는 날을 언제나 좋아했다. 나는 항상 학교에서 미트볼 스파게티가 나오는 금요일을 기다렸다.

Words & Phrases

curry and rice: 카레라이스
fried chicken: 프라이드치킨, 닭고기 튀김
hamburg steak: 햄버그스테이크
noodle: 면, 국수
pudding: 푸딩
fried bread: 구운 빵

What's your favorite English word? Why do you like it?

좋아하는 영어 단어는 무엇인가요? 왜 그 단어를 좋아하나요?

A

Sample Diary Entry

My favorite English word is, "innovation." I think that innovation is very rare and one of the most difficult things to accomplish in life. It requires a bit of genius and perseverance.

내가 좋아하는 영어 단어는 innovation(혁신)이다. 혁신은 아주 드물게 일어나고 삶에서 성취하기 가장 어려운 것 중 하나라고 생각한다. 혁신은 약간의 천재적 재능과 인내를 필요로 한다.

Words & Phrases

vocabulary: 어휘
positive: 긍정적인
motto: 좌우명, 모토
sound: 소리가 나다, 소리를 내다
poetic: 시적인
untranslatable: 번역할 수 없는

Memo

Do you think you have enough free time?

여가 시간이 충분하다고 생각하나요?

A

Sample Diary Entry

I have no free time! I run an entire division at my company now, so I am always bogged down with work. Free time is a luxury not available to me any longer.

나에게는 여가 시간이 없다! 나는 지금 회사에서 부서 전체를 관리하고 있어서, 항상 일에 파묻혀 꼼짝도 못한다. 여가 시간은 더 이상 내가 손에 넣을 수 없는 사치일 뿐이다.

Words & Phrases

weekend: 주말
vacation: 휴가
work-life balance: 일과 개인 생활의 균형
spend one's free time -ing: ~을 하면서 여가 시간을 보내다
refresh oneself: 기운을 되찾다

Memo

Which do you prefer, sunrises or sunsets?

일출과 일몰 중 어느 것을 좋아하나요?

A

Sample Diary Entry

Sunsets have always been my favorite. There is something exciting about what the night brings. People behave differently at night. They are more outgoing and easier to talk to.

난 항상 일몰을 좋아했다. 밤이 우리에게 가져다주는 것에는 뭔가 설레이는 것이 있다. 사람들은 밤에 다르게 행동한다. 더 사교적으로 변하고 더 쉽게 이야기할 수 있게 된다.

Words & Phrases

dawn: 새벽
morning glow: 아침 노을
come up: (해가) 떠오르다
horizon: 수평선, 지평선
twilight: 해질녘, 황혼
romantic setting: 낭만적인 상황

305

Is there anything that you could do as a child, but you no longer can?

아이 때는 할 수 있었지만, 이제는 더 이상 할 수 없는 것이 있나요?

A

Sample Diary Entry

I used to be able to surf, but no longer can. Surfing requires so much physical energy. Hopefully one day I'll be able to surf again!

예전에는 서핑을 할 수 있었지만, 지금은 더 이상 못한다. 서핑은 엄청난 체력을 필요로 한다. 언젠가는 다시 서핑을 할 수 있게 되기를 바라고 있다!

Words & Phrases

do a handstand: 물구나무서기를 하다
touch insects with one's bare hands: 맨손으로 곤충을 만지다
say what one want to say: 하고 싶은 말을 하다
go out without makeup: 화장하지 않은 채 외출하다

Memo

Do you like change?

변화를 좋아하나요?

A

Sample Diary Entry

I live for change! Change is the one thing we can always count on. Things never stay the same. Adapting to change is critical to success.

나는 변화를 위해 산다! 변화는 우리가 항상 의지할 수 있는 것 중 하나다. 그 무엇도 같은 상태로 있지는 않는다. 변화에 적응하는 것은 성공에 아주 중요하다.

Words & Phrases

take some time: 어느 정도의 시간이 걸리다
(be) afraid of change: 변화를 두려워하는
get bored easily: 쉽게 싫증이 나는
challenge new things: 새로운 일에 도전하다
progress: 진보하다

What makes someone beautiful?

사람을 아름답게 만드는 것은 무엇인가요?

A

Sample Diary Entry

A positive attitude, caring heart and good voice makes someone beautiful. Many people have different definitions of beauty, but for me, beauty is a state of mind.

긍정적인 태도, 친절한 마음과 멋진 목소리가 사람을 아름답게 만든다. 많은 사람이 아름다움에 대해 서로 다른 정의를 가지고 있지만, 나에게 아름다움이란 마음의 상태를 가리킨다.

Words & Phrases

confidence: 자신감
smile: 웃음
healthy beauty: 건강미
Beauty is only skin deep.: 아름다움은 피상적인 것일 뿐이다.
inner beauty: 내면의 아름다움

What is the first thing you notice about a person?

사람을 볼 때 가장 먼저 신경 쓰는 것은 무엇인가요?

A

Sample Diary Entry

I guess I first notice the uniqueness of someone's voice. Most people notice another's face. If it's over the Internet, the way that they write is what stands out the most.

나는 먼저 어떤 사람의 목소리의 특성에 신경을 쓰는 것 같다. 대부분의 사람이 다른 사람의 얼굴에 관심을 두지만 말이다. 만약 인터넷상이라면, 그들이 글을 쓰는 방식이 가장 눈에 띌 것이다.

Words & Phrases

facial expression: 얼굴 표정
look in one's eyes: 눈을 바라보다
the way someone is dressed: 옷차림
well-groomed: 단정하게 차려입은
posture: 자세
body language: 신체 언어, 보디랭귀지

Memo

309

What qualities do you look for in a friend?
친구에게 어떤 특성을 기대하나요?

A

Sample Diary Entry

Someone who is independent but also willing and excited to collaborate. I love working on different projects, so my best friends are usually those who I can work with for the long term.

독립적이면서도 의욕을 가지고 활기차게 협력하는 사람이다. 나는 다양한 프로젝트를 하는 것을 좋아해서, 나의 가장 친한 친구들은 대개 나와 오랫동안 함께 일할 수 있는 사람들이다.

Words & Phrases

honest: 정직한
reliable: 신뢰할 수 있는
trustworthy: 신뢰할 수 있는
(be) fun to be around: 함께 있어 즐거운
share the same values: 같은 가치관을 공유하다

Memo

What is your favorite sound?

어떤 소리를 좋아하나요?

A

Sample Diary Entry

My favorite sound is the sound of nature. I love the sound of birds in the forest. I also love the sound of the wind blowing at the beach, or through the trees.

내가 좋아하는 소리는 자연의 소리다. 숲에서 새들이 지저귀는 소리를 아주 좋아한다. 또 해변이나 나무 사이로 불어오는 바람 소리도 너무 좋다.

Words & Phrases

pitter-patter of raindrops: 빗방울이 떨어지는 소리
purring cat: 가르랑거리는 고양이
babbling baby: 옹알이하는 아기
uncork a bottle of wine: 와인의 마개를 따다
music box: 뮤직 박스(뚜껑을 열면 음악이 나오는 상자)

Memo

311

Is there a World Heritage Site that you would like to visit?

가보고 싶은 세계문화유산이 있나요?

A

Sample Diary Entry

I would like to visit the ancient city of Petra, in Jordan. Carved into vibrant red, white, pink, and sandstone cliffs, the city was "lost" to the Western world for hundreds of years.

나는 요르단에 있는 고대 도시, 페트라에 가보고 싶다. 강렬한 빨간색, 하얀색, 분홍색이 어우러진 사암 절벽을 조각해서 만든 그 도시는 수백 년 동안 서양 세계에는 '잃어버린' 곳이었다.

Words & Phrases

the Great Wall (of China): 만리장성
the Statue of Liberty: 자유의 여신상
the Nazca Lines: 나스카의 지상화(地上畵)
conserve: 보존하다
tourism: 관광업

Memo

Q 312

What is your favorite number?

어떤 숫자를 좋아하나요?

A

Sample Diary Entry

My favorite number is 5 because I was born in the hospital's Room 5 at 5 p.m. on the fifth day of the month.

내가 좋아하는 숫자는 5다. 내가 그 달의 5일 오후 5시에, 병원의 5호실에서 태어났기 때문이다.

Words & Phrases

odd number: 홀수
even number: 짝수
prime number: 소수(素數)
superstitious: 미신을 믿는
uniform number: 등번호
license/number plate: (자동차) 번호판

Memo

Q 313

Are you good at keeping a secret?
당신은 비밀을 잘 지키나요?

A

Sample Diary Entry

Yes, I am. But I don't want to keep anything from my husband, so I warn the person telling me the secret that I might tell him.

잘 지킨다. 하지만 남편에게는 아무것도 숨기고 싶지 않아서, 나에게 비밀을 털어놓는 사람에게 내가 남편한테는 말할 것이라고 주의를 준다.

Words & Phrases

give away a secret: 비밀을 누설하다
just between us: 우리끼리만 하는 이야기
talk in private: 따로 이야기하다
zip one's lips: 입을 다물다
have a loose tongue: 입이 가볍다
gossip: 소문

Memo

314

What do you like about your job?

자기 직업의 어떤 점을 좋아하나요?

A

Sample Diary Entry

I like that my job involves a number of different activities. I can warm up in the morning with the more boring tasks and save the more creative tasks for the afternoon.

나는 내 직업에 다양한 활동이 있다는 점을 좋아한다. 나는 아침에는 보다 따분한 업무로 일을 시작하고, 보다 창의적인 업무는 오후에 하려고 남겨둘 수 있다.

Words & Phrases

company culture: 기업 문화
atmosphere: 분위기
offer enough opportunities: 기회를 충분히 제공하다
(be) motivated: 의욕이 있는
get along well with ~: ~와 잘 지내다

Memo

Q 315

Have you ever been on TV?

TV에 나온 적이 있나요?

A

Sample Diary Entry

Yes, I have been on TV many times. Reporters used to stop me on the street a lot to ask me questions. Now when I see people around with cameras I walk quickly away.

있다. 나는 TV에 여러 번 나왔다. 기자들이 길에서 나를 멈춰 세우고는 질문을 하는 일이 많았다. 지금은 주위에 카메라를 든 사람을 보면 재빨리 그곳을 피한다.

Words & Phrases

(be) interviewed about ~: ~에 대해 인터뷰한
singing competition show: 노래 경연 대회
appear as an extra: 엑스트라로 출연하다
in the audience: 관람석에서

Memo

Q 316

Are you superstitious?
당신은 미신을 믿나요?

A

Sample Diary Entry

When I was young, I was superstitious, but the older I get, the less superstitious I become.

어릴 적에는 미신을 믿었지만, 나이가 들면서 점점 덜 믿게 되었다.

Words & Phrases

beginner's luck: 초심자의 행운
sophomore jinx: 소포머 징크스, 2년차 징크스
omen: 징조, 조짐
scientific basis: 과학적 근거
imagination: 상상력

Memo

Q 317

Do you have a special talent?
특별한 재능이 있나요?

A

Sample Diary Entry

My special talent is that I am a black belt in Taekwondo. I started Taekwondo when I was 7 years old. Throughout the years, it has taught me discipline and perseverance.

나의 특별한 재능은 태권도의 검은 띠 보유자라는 점이다. 나는 7살 때 태권도를 시작했다. 여러 해 동안 태권도는 나에게 절제와 인내를 가르쳐줬다.

Words & Phrases

remember people's birthdays: 사람들의 생일을 기억하다
do a mental calculation: 암산을 하다
good mimic: 흉내를 잘 내는 사람
calligraphy: 서예, 서도(書道)
make friends easily: 친구를 쉽게 사귀다

Memo

Q 318

Do you have any allergies?

알레르기가 있나요?

A

Sample Diary Entry

I am allergic to dust and molds. When I am cleaning the back of a cupboard, I sometimes get funny-looking marks on my arms from the reaction to the dust.

먼지와 곰팡이 알레르기가 있다. 찬장 뒤쪽을 청소할 때, 가끔 먼지에 대한 반응으로 팔에 이상한 모양의 반점이 생긴다.

Words & Phrases

hay fever: 건초열
food allergy: 음식 알레르기
allergic reaction to ~: ~에 대한 알레르기 반응
sneeze: 재채기
rash: 발진

Memo

What's the most boring thing that you have to do every day?

매일 해야 하는 일 중 가장 따분한 일은 무엇인가요?

A

Sample Diary Entry

My daily commute to work is pretty boring. If it is too crowded to read, all I can do is stare at the ads on the subway train.

회사로 매일 출퇴근하는 일이 꽤 따분하다. 사람이 너무 많아서 책 읽기도 힘들면, 내가 할 수 있는 일이라고는 지하철에 붙어 있는 광고를 바라보는 것뿐이다.

Words & Phrases

chore: 잡일
treadmill: 단조로운 일
routine: 일과, 일상적인 일
waste of time: 시간 낭비
annoying: 짜증나는, 성가신
junk mail: 스팸메일, 광고메일

Memo

 320

Do you like looking at the moon?
달을 바라보는 것을 좋아하나요?

A

Sample Diary Entry

Yes, I do. I take a look at the moon every evening when I walk home from the station, and I enjoy the way it changes size and color through the month.

좋아한다. 역에서 집으로 걸어가는 매일 저녁에 나는 달을 바라보면서 한 달 동안 크기와 색깔이 변하는 모습을 즐긴다.

Words & Phrases

moonlight: 달빛
harvest moon: 중추의 보름달, 중추명월
folktale: 민담, 설화
translunar: 환상적인, 달 위의
lunar calendar: 음력
Apollo 11: 아폴로 11호

Q 321

What makes you angry about today's society?

오늘날 사회에서 당신을 화나게 하는 것은 무엇인가요?

A

Sample Diary Entry

Intolerance. On the Web, in particular, people tend not to expose themselves to opinions they disagree with, and they end up becoming narrow-minded, bashing all those with different opinions.

편협함이다. 특히 인터넷에서 사람들은 자신이 동의하지 않는 의견에는 본인을 드러내려 하지 않아서 결국 편협해지고 다른 의견을 가진 모든 사람을 맹비난하게 된다.

Words & Phrases

unequal: 불공평한
prejudice: 편견
distrust in politics: 정치에 대한 불신
unemployment: 실업
child poverty: 아동 빈곤
indifferent to ~: ~에 무관심한

Memo

322

Are you good at small talk?
당신은 담소를 나누는 데 능숙하나요?

A

Sample Diary Entry

I think I am pretty good at it. If you listen to what the other person is saying, you can usually carry on a conversation.

나는 꽤 능숙하다고 생각한다. 다른 사람이 하는 말을 들으면, 보통은 대화를 이어나갈 수 있다.

Words & Phrases

friendly: 친절한, 다정한
greeting: 인사
ask questions: 질문하다
compliment: 칭찬하다, 칭찬하는 말
safe topic: 무난한 주제
talk about the weather: 날씨에 대해 이야기하다

Memo

Do you think dinosaurs are interesting?
공룡이 재미있다고 생각하나요?

A

Sample Diary Entry

We can only imagine what dinosaurs actually looked like, so it's interesting to see the updated pictures as new evidence comes in.

우리는 공룡이 실제로 어떻게 생겼는지 상상할 수밖에 없으니, 새로운 증거가 나타나서 갱신되는 그림을 보면 재미있다.

Words & Phrases

Jurassic: 쥐라기의
evolution: 진화
fossil: 화석
extinct: 멸종한
meat-eating: 육식의
plant-eating: 초식의

Memo

Q 324

What do you think about the national anthem of your country?

당신 나라의 국가에 대해 어떻게 생각하나요?

A

Sample Diary Entry

I like our national anthem. I like hearing it, especially when it is played at sporting events. It is a solemn song, so it almost has a calming effect.

나는 우리나라 국가를 좋아한다. 특히 스포츠 행사에서 연주될 때 듣기 좋다. 엄숙한 곡이라서 마음을 진정시키는 효과가 있는 것 같다.

Words & Phrases

traditional: 전통적인
lyrics: 가사(歌詞)
ceremony: 의식

325

Do you worry about the world economy today?

오늘날 세계 경제에 대해 걱정하고 있나요?

A

Sample Diary Entry

Yes, I do. The gap between the rich and the poor is widening all over the world, and it is causing social unrest.

걱정하고 있다. 전 세계적으로 빈부 격차가 커지고 있어 사회 불안을 초래하고 있다.

Words & Phrases

globalization: 세계화
foreign exchange: 외국환
gap between the rich and the poor: 빈부 격차
investment: 투자
recession: 경기 후퇴, 불황

326

Do you like taking photographs?
사진 찍는 것을 좋아하나요?

A

Sample Diary Entry

I do like taking photos, including selfies. I don't post them on the Internet much, though. They are for my own enjoyment.

나는 셀피를 포함하여 사진 찍는 것을 정말 좋아한다. 하지만 사진들을 인터넷에 많이 올리지는 않는다. 나 자신만의 즐거움을 위해 찍는다.

Words & Phrases

single-lens reflex camera: 일안반사식 카메라
commemorative photo: 기념 사진
selfie: 셀피(자신의 모습을 직접 찍은 사진)
photo sharing: (인터넷에서의) 사진 공유
upload: (데이터 등을) 업로드하다
photo sticker: 사진 스티커

Memo

Q 327

When was the last time you wrote an actual letter to someone?

마지막으로 누군가에게 손편지를 써본 때가 언제였나요?

A

Sample Diary Entry

I hardly ever write letters anymore, but I do write to my grandparents. They have access to emails, but they prefer receiving actual letters, so I write to them every now and then.

나는 이제 편지를 거의 쓰지 않지만, 할아버지와 할머니께는 쓴다. 두 분은 이메일도 사용하시지만, 손편지를 받는 것을 더 좋아하셔서 가끔씩 내가 두 분께 편지를 쓴다.

Words & Phrases

letter paper: 편지지
envelope: 봉투
address: 주소
stamp: 우표
postcard: 엽서
email: 전자 우편, 이메일

Memo

Q 328

Are you good at painting?
그림을 잘 그리나요?

A

Sample Diary Entry

I'm not particularly artistic, so I wouldn't say I am good at it. I used to like painting at school because it didn't matter if I splashed the paint everywhere.

나는 특별히 예술적 감각이 뛰어나지 않아서 잘 그린다고 말할 수는 없다. 어디든지 물감을 튀겨도 상관없었기 때문에 학교에서 그림 그리는 것을 좋아하곤 했다.

Words & Phrases

still life: 정물(화)
portray: ~의 초상화를 그리다
landscape: 풍경(화)
abstract: 추상적인, 추상화
watercolor painting: 수채화
oil painting: 유화

Memo

Do you have a favorite amusement park?
좋아하는 놀이공원이 있나요?

A

Sample Diary Entry

My favorite amusement park is Everland, because it has the whole package: great rides, great staff, and a great atmosphere. The only downside is the long waits.

내가 좋아하는 놀이공원은 에버랜드다. 에버랜드는 재미있는 놀이기구, 친절한 직원, 그리고 신나는 분위기를 모두 갖추고 있기 때문이다. 유일한 단점은 오래 기다려야 한다는 점이다.

Words & Phrases

ride: 놀이 기구, 탈것
roller coaster: 롤러코스터
in line: 줄을 서서
have fun: 재미있게 놀다
family entertainment: 가족용 오락
regardless of generation: 세대에 상관없이

Memo

Q 330

Are there any particular news stories that you are following?

동향을 지켜보고 있는 특정 뉴스가 있나요?

A

Sample Diary Entry

The rise of various terrorist organizations is a concern. I think it's a problem that needs to be tackled globally, not just by nations that have been under attack.

다양한 테러 조직들이 늘어나고 있는 것이 걱정이다. 그것은 공격을 받고 있는 국가만이 아니라 전 세계적으로 맞서 싸워야 하는 문제라고 생각한다.

Words & Phrases

international conflict: 국제 분쟁
domestic politics: 국내 정치
criminal case: 형사 사건
sports event: 스포츠 경기
show business news: 연예 뉴스
article: 기사

Memo

Do you like taking part in discussions?
토론에 참여하는 것을 좋아하나요?

A

Sample Diary Entry

It depends. If one of the other people is someone who just wants to hear himself or herself talk, then I don't like joining in.

상황에 따라 다르다. 사람들 중에 누군가 자신의 말만 들어주기를 바라는 사람이 있다면, 나는 참여하고 싶지 않다.

Words & Phrases

argumentative: 논쟁을 좋아하는
debate: 토론, 논쟁
in a constructive way: 건설적인 방법으로
conclusion: 결론
(be) divided on ~: ~에 관해 의견이 분열된
respect others' opinions: 타인의 의견을 존중하다

332

Do you have a sweet tooth?

단것을 좋아하나요?

A

Sample Diary Entry

I do like chocolates, but there are few desserts that I like. I only like eating cake if it has very rich, dark chocolate icing on it.

초콜릿은 엄청 좋아하지만, 좋아하는 디저트는 거의 없다. 아주 진한 다크 초콜릿을 표면에 입힌 케이크를 먹는 것만 좋아한다.

Words & Phrases

confectionery: 과자류
sweets: 단것
go easy on the sugar: 설탕을 적당히 넣다
go with coffee: 커피와 어울리다
sweet bean paste: 단팥
calorie: 칼로리, 열량

Memo

Q 333

How often do you go to see a dentist?
얼마나 자주 치과에 가나요?

A

Sample Diary Entry

I usually only go once a year unless a tooth is giving me some trouble. Thanks to new technology, visiting the dentist is less scary than it was in the past.

치아에 문제가 없다면 대개 일 년에 한 번만 간다. 최신 기술 덕분에 치과에 가는 것이 예전보다 덜 무섭다.

Words & Phrases

tooth decay: 충치
gum disease: 치주염
dental checkup: 치과 검진
wisdom tooth: 사랑니
have braces: 치아를 교정하다
denture: 틀니, 의치

Memo

Q 334

How many credit cards do you have?

몇 개의 신용카드를 가지고 있나요?

A

Sample Diary Entry

I have only one credit card — the same card that I got when I was 24 years old. It still works fine, so why should I get another?

신용카드는 딱 하나만 가지고 있다. 24살 때 만든 것과 같은 카드다. 여전히 잘 작동하고 있는데, 다른 카드를 만들어야 할 이유가 있을까?

Words & Phrases

bank account: 은행 계좌
statement: 명세서
cashless: 현금이 필요 없는
convenient: 편리한
reward point: (이용에 대한) 포인트
discount: 할인

Q 335

Have you ever been on a diet?
다이어트를 한 적이 있나요?

A

Sample Diary Entry

Yes, I have, but I've learned that extreme diets don't really work. Now, I just eat in moderation and do some light exercise.

한 적이 있는데, 극단적인 다이어트는 정말 효과가 없다는 사실을 배웠다. 지금은 그냥 적당히 먹고 가볍게 운동하고 있다.

Words & Phrases

lose weight: 살을 빼다
carbohydrate: 탄수화물
low-fat: 저지방의
skip a meal: 식사를 거르다
balanced meal: 균형 잡힌 식사
exercise: 운동

Memo

Do you like having your friends over?

친구들을 집에 초대하는 것을 좋아하나요?

A

Sample Diary Entry

Yes. I miss the days when friends used to just "drop in because they were in the neighborhood." These days, we have to plan weeks ahead to get together.

좋아한다. 친구가 '근처에 와서 잠시 들렀던' 날들이 그립기도 하다. 요즘은 우리가 만나려면 몇 주 전에 계획을 세워야 한다.

Words & Phrases

invite: 초대하다
treat: 대접하다
potluck party: 포트럭 파티(참석자 각자가 음식을 가져오는 파티)
make a surprise visit: 갑자기 방문하다
feel at ease: 편안하다
make merry: 즐겁게 떠들며 놀다

Memo

How much time do you spend online every day?

매일 온라인에서 얼마나 시간을 보내나요?

A

Sample Diary Entry

I use the computer for my job, so at least seven hours a day! I check Facebook on my phone during my commute, so I am really online a lot.

일 때문에 컴퓨터를 쓰니 적어도 하루에 7시간은 보낸다! 출퇴근하는 동안 휴대전화로 페이스북을 확인하니까 정말 많은 시간을 온라인에서 보낸다.

Words & Phrases

browse: 훑어보다, 열람하다
search: 검색하다
shop online: 온라인 쇼핑을 하다
smartphone: 스마트폰
social networking service: 소셜 네트워킹 서비스 (SNS)
post: (웹에) 투고하다, 게시하다

Memo

Q 338

Do you have your ears pierced?

귀를 뚫었나요?

A

Sample Diary Entry

Yes, I do. I have two piercings in my left ear and one in my right. I decided to have my ears pierced after I lost my favorite earrings when they fell off.

뚫었다. 나는 왼쪽 귀에 두 개, 오른쪽 귀에 하나의 피어싱이 있다. 좋아하는 귀걸이를 떨어뜨려 잃어버린 후에 귀를 뚫겠다고 결심했다.

Words & Phrases

get one's ears pierced: 귀에 구멍을 뚫다
pierced earring: (귀에 구멍을 뚫어 하는) 귀걸이
jewelry: 장신구, 보석류
fashion: 패션, 유행
metal allergy: 금속 알레르기
qualified person: 자격이 있는 사람

Memo

What do you do when you feel you are running low on energy?

기운이 떨어졌다고 느낄 때 어떻게 하나요?

A

Sample Diary Entry

If I am home, I take a nap. If I sleep too long, though, I end up feeling groggy. When I am at the office, I make myself a cup of coffee.

집이라면 낮잠을 잔다. 하지만 너무 오래 자면 정신이 혼미해지고 만다. 사무실이라면 커피를 한 잔 마신다.

Words & Phrases

do some stretches: 스트레칭을 하다
have a bottle of energy drink: 에너지 음료를 한 병 마시다
watch one's favorite drama: 좋아하는 드라마를 보다
play with one's pet: 애완동물과 놀다

Memo

Q 340

Would you like to be a doctor?

의사가 되고 싶나요?

A

Sample Diary Entry

I think it would be great to be an eye doctor. I would go to developing countries around the world to help people protect their eyesight.

안과 의사가 되면 좋을 것 같다. 세계 곳곳의 개발도상국에 가서 사람들의 시력을 보호하는 데 도움을 주고 싶다.

Words & Phrases

medical school: 의과 대학, 의학부
physician: 내과 의사
practicing doctor: 개업의
patient: 환자
healthcare: 의료, 건강관리
diagnosis: 진단

Memo

341

Have you ever had an operation?
수술을 받아본 적이 있나요?

A

Sample Diary Entry

Yes, I have. I've had my appendix removed. I know it's considered a minor operation, but it was still painful for a while.

있다. 나는 맹장을 제거했다. 작은 수술로 여겨진다는 것을 알고 있지만, 한동안은 계속 아팠다.

Words & Phrases

surgery: 외과, 수술
disease: 질환, 병
injured: 다친, 부상을 입은
accident: 사고
hospitalized: 입원한
anesthesia: 마취

Are you good at networking?

인맥을 잘 만드나요?

A

Sample Diary Entry

I feel comfortable using various social networking services, and several opportunities have sprung up from such connections. So I would say that I am pretty good at networking.

다양한 SNS를 이용하는 것이 편하고, 그런 관계에서 여러 기회가 파생되었다. 그래서 나는 스스로 인맥 형성을 꽤 잘한다고 말할 수 있다.

Words & Phrases

contact: 연락, 교제, 연고
name card: 명함
outgoing: 외향적인
people/social skills: 사교 능력, 사교 기술
acquaintance: 아는 사람, 지인
relation: 관계

Memo

Are you a competitive person?
당신은 경쟁심이 강한 사람인가요?

A

Sample Diary Entry

I think I am very competitive, but it's not that I want to beat others. I get extremely frustrated when I cannot reach the goals that I set for myself.

나는 내가 경쟁심이 아주 강하다고 생각하지만, 다른 사람을 이기고 싶다는 뜻은 아니다. 나는 자신이 세운 목표에 다다르지 못할 때 극도의 좌절감을 느낀다.

Words & Phrases

rival: 경쟁하다, 경쟁 상대
hate to lose: 패배를 싫어하다
sense of accomplishment: 성취감
perfectionist: 완벽주의자(의)
irritated: 화난, 짜증난
stick to ~: ~을 끝까지 해내다

Q 344

Do you like salad?

샐러드를 좋아하나요?

A

Sample Diary Entry

Yes, and my favorite is Greek salad. You chop up tomatoes, cucumbers, and onions, add some feta cheese and olives, and pour on some olive oil. It's delicious!

좋아한다. 그리고 내가 가장 좋아하는 것은 그릭 샐러드다. 토마토, 오이, 양파를 잘게 썰고 페타 치즈와 올리브를 더하고, 올리브유를 부으면 된다. 정말 맛있다!

Words & Phrases

fresh vegetables: 신선한 채소
fiber: 섬유질
on a diet: 다이어트 중인
dress: 드레싱을 붓다
easy to prepare: 조리가 간단한
colorful: 색채가 풍부한, 다채로운

How often do you listen to the radio?
얼마나 자주 라디오를 듣나요?

A

Sample Diary Entry

I listen to the radio when I'm driving, but I only use my car on the weekends. I rarely listen to the radio at home.

운전할 때 라디오를 듣는데, 주말에만 차를 이용한다. 집에서는 라디오를 거의 듣지 않는다.

Words & Phrases

background music: 배경 음악, BGM
traffic information: 교통 정보
radio host: 라디오 진행자
podcast: 팟캐스트
emergency preparedness kit: 비상 시 구호용품 세트

Memo

What is your dream job?
당신이 생각하는 이상적인 직업은 무엇인가요?

A

Sample Diary Entry

My ideal job would be one that allows me to achieve an even better work-life balance. As much as I enjoy what I do now, I would like to have more free time.

나에게 이상적인 직업은 일과 개인 생활의 균형을 더 잘 이룰 수 있도록 해주는 직업이다. 내가 지금 하는 일을 즐기는 만큼 여가 시간을 더 많이 가지고 싶다.

Words & Phrases

ideal: 이상적인
rewarding: 보람 있는
make money: 돈을 벌다
become famous: 유명해지다
success: 성공
bear responsibility: 책임을 지다

Memo

Who is the most ambitious person you know?

당신이 아는 사람 중 가장 야심 찬 사람은 누구인가요?

A

Sample Diary Entry

The most ambitious person I know is my colleague. He openly states that he plans to get ahead. I admire him because he is not afraid to take risks to achieve his goals.

내가 아는 사람 중 가장 야심 찬 사람은 나의 동료다. 그는 자신이 성공할 것이라고 공공연하게 말한다. 그는 목표를 달성하기 위해서라면 위험을 감수하는 것을 두려워하지 않기 때문에 나는 그를 높이 평가한다.

Words & Phrases

friend at school: 학교 친구
boss: 상사
go for the top: 정상을 지향하다
politics: 정치, 책략
aspiring: 의욕적인, 야심 있는
spare no effort: 노력을 아끼지 않다

348

What angers you the most?
당신을 가장 화나게 하는 것은 무엇인가요?

A

Sample Diary Entry

Arrogance probably angers me the most. I get angry when I see someone yelling at a waitress, for example. Being arrogant to those who are in a more vulnerable position is unacceptable.

오만함이 나를 가장 화나게 하는 것 같다. 예를 들면 식당 여종업원에게 소리를 지르는 사람을 보면 화가 난다. 약자의 입장에 있는 사람에게 오만하게 구는 것을 받아들일 수 없다.

Words & Phrases

insult: 모욕, 무례한 언동
lie: 거짓말, 거짓말하다
bully: 괴롭히다, 약자를 괴롭히는 사람
harassment: 괴롭힘
injustice: 부정, 부당
criminal: 범죄의, 범죄자

Memo

Q 349

Have you ever tried any alternative therapy?

대체요법을 시도해본 적이 있나요?

A

Sample Diary Entry

I receive acupuncture regularly for my stiff shoulders. I think it works for me. I've also tried homeopathy for my hay fever, but it didn't make much of a difference.

어깨가 뻣뻣해서 정기적으로 침을 맞고 있다. 나에게 효과가 있는 것 같다. 건초열 때문에 동종요법도 시도해 봤는데, 큰 차이가 없었다.

Words & Phrases

aromatherapy: 방향요법, 아로마테라피
reflexology: 반사요법
Chinese herb: 한방약
yoga: 요가
press acupressure points: 지압점을 누르다
Western medicine: 서양 의학

Memo

 350

Who do you quarrel with the most?

당신이 가장 많이 싸우는 사람은 누구인가요?

A

Sample Diary Entry

I used to quarrel with my siblings a lot. Now, we're all moved out from our parents' home, so we hardly ever get the chance to quarrel. I sometimes miss those quarrels.

나는 형제자매와 많이 싸우곤 했다. 지금은 우리 모두 부모님 댁에서 독립해 나왔기 때문에, 싸울 기회가 거의 없다. 때로는 그런 다툼들이 그립기도 하다.

Words & Phrases

parents: 부모
sibling: 형제자매
boyfriend: 남자 친구
spouse: 배우자
colleague: 동료
argue: 논쟁하다

Q 351

Do you think you look your age?
자신이 본인 나이대로 보인다고 생각하나요?

A

Sample Diary Entry

I think that I look my age, or possibly a bit older. Unfortunately, I am already starting to lose some hair on my head. Some people however think that I look young.

나는 내 나이대로, 혹은 어쩌면 약간 더 나이 들어 보인다고 생각한다. 불행하게도 나는 이미 머리 숱이 줄어들기 시작하고 있다. 그래도 내가 젊어 보인다고 생각하는 사람들도 있다.

Words & Phrases

look younger for one's age: 나이에 비해 젊어 보이다
baby-faced: 동안의
wear a lot of makeup: 화장을 진하게 하다
artificial: 인공적인, 부자연스러운
oneself just as one is: 있는 그대로의 자신

Memo

Do you like adventures?

모험을 좋아하나요?

A

Sample Diary Entry

I love adventures! I feel that we learn most about ourselves when we push ourselves out of our everyday routine. Adventures and traveling is what I live for.

나는 모험을 아주 좋아한다! 우리는 일상적인 일과에서 우리 자신을 밀어냈을 때 자신에 대해 가장 잘 알 수 있는 것 같다. 모험과 여행은 내 삶의 낙이다.

Words & Phrases

survival kit: 생존 장비
camp out: 야영하다
outdoor activity: 야외 활동
rafting: 래프팅, 급류 타기
enjoy nature: 자연을 즐기다
indoor type of person: 실내에 있는 것을 좋아하는 사람

353

Are you good at giving advice?
조언을 잘 해주는 편인가요?

A

Sample Diary Entry

I don't go around imposing my opinions on others, but I will gladly offer my advice to those who come to me for advice.

내 의견을 남에게 강요하고 다니지는 않지만, 조언을 구하기 위해 나에게 오는 사람들에게는 기꺼이 조언해줄 것이다.

Words & Phrases

helpful: 유익한, 유용한
encourage: 격려하다, 용기를 북돋우다
intrusive: 강요하는, 끼어드는
based on one's experience: 경험을 바탕으로
take ~'s advice: ~의 조언을 따르다

Do you think you are a good listener?

자신이 이야기를 잘 들어주는 사람이라고 생각하나요?

A

Sample Diary Entry

I try to be, but being a good listener is actually quite difficult. People tend to jump to conclusions and speak about themselves instead of hearing someone out.

그러려고 노력하지만, 이야기를 잘 들어주는 것은 사실 꽤 어려운 일이다. 사람들은 빨리 결론을 내리는 경향이 있고, 남의 말을 듣기보다 자신의 이야기를 하는 경향이 있다.

Words & Phrases

listen to ~ with interest: 관심을 가지고 ~의 이야기를 듣다
keep an open mind: 열린 마음을 유지하다
nod: 고개를 끄덕이다
(be) empathetic with ~: ~에 공감하는
one's own opinion: 자신의 의견

Memo

Q 355

Do you think there is life beyond our planet?

우리 행성 밖에 생명체가 있다고 생각하나요?

A

Sample Diary Entry

I hope that there is life beyond our planet. It would be an awful waste of space if we were all alone in the universe.

나는 우리 행성 밖에 생명체가 있기를 바란다. 만약 우주에 우리밖에 없다면, 엄청난 공간 낭비일 것이다.

Words & Phrases

Martian: 화성인
solar system: 태양계
galaxy: 은하계
extraterrestrial: 지구 밖의
intelligent life: 지적 생명체
space exploration: 우주 탐험

Memo

356

What qualifications do you have?

어떤 자격증을 가지고 있나요?

A

Sample Diary Entry

I don't have any major qualifications. I would like to work on earning my real estate license. Although the studying required to pass the exam would be intense.

나는 주요 자격증은 가지고 있지 않다. 부동산 자격증을 따기 위한 공부를 하고 싶다. 시험에 합격하기 위해 하는 공부가 힘들 테지만 말이다.

Words & Phrases

requirement for job: 직무상 필요한 요건
teaching certificate: 교원 자격증
bookkeeping: 부기(簿記), 회계 업무
caregiver: 간병인
weather forecaster: 기상 캐스터, 일기 예보관

Q 357

Have you ever donated blood?
헌혈을 해본 적이 있나요?

A

Sample Diary Entry

Yes, I have. I had to drink a lot of water because I was so dehydrated. Yet, I felt very good afterwards because I felt I had done my part.

있다. 나는 탈수 증상이 심해서 물을 많이 마셔야 했다. 하지만 할 일을 했다는 생각이 들어, 나중에는 기분이 무척 좋았다.

Words & Phrases

blood transfusion: 수혈
medical interview: 문진
feel dizzy: 현기증을 느끼다
anemia: 빈혈증
red/white blood cell: 적/백혈구
mad cow disease: 광우병

Memo

 358

What is your favorite building in the world?

세계에서 당신이 가장 좋아하는 건축물은 무엇인가요?

A

Sample Diary Entry

My favorite building in the world is the Eiffel Tower. It is the iconic symbol of Paris. I would love to live in Paris for a few years.

세계에서 내가 가장 좋아하는 건축물은 에펠탑이다. 에펠탑은 파리의 상징물이다. 나는 몇 년 동안은 파리에서 살아보고 싶다.

Words & Phrases

Egyptian pyramids: 이집트의 피라미드
Leaning Tower of Pisa: 피사의 사탑
Sagrada Familia: 사그라다 파밀리아 성당
five-story pagoda: 5층탑
wooden structure: 목조 건축물
architecture: 건축

Memo

359

Which do you prefer, taking baths or showers?

목욕과 샤워 중 어느 쪽을 더 좋아하나요?

A

Sample Diary Entry

I am a shower guy for sure. I very rarely take baths. Actually, even taking a shower is so time-consuming. It can be annoying to always have to shower.

나는 확실히 샤워를 좋아하는 남자다. 목욕은 아주 드물게 한다. 사실 샤워도 시간이 꽤 걸리는 일이다. 항상 샤워를 해야 하는 것이 귀찮기도 하다.

Words & Phrases

bathtub: 욕조
bath salt: 목욕용 염제
half-body bathing: 반신욕
take a quick shower: 샤워를 재빨리 하다
wash oneself: 몸을 씻다
feel refreshed: 기분이 상쾌하다

Memo

What's your favorite household appliance?

좋아하는 가전제품은 무엇인가요?

A

Sample Diary Entry

My favorite household appliance is my stereo. There is nothing like blasting my favorite music out of my stereo. I always look forward to listening to new music on my stereo.

내가 좋아하는 가전제품은 나의 스테레오다. 스테레오에서 내가 좋아하는 음악이 크게 울려 퍼지는 것만큼 좋은 일도 없다. 나는 언제나 스테레오로 새로운 음악을 듣는 것을 기대하고 있다.

Words & Phrases

microwave: 전자레인지
electric kettle: 전기 주전자
dishwasher: 식기 세척기
induction cooktop: 인덕션 레인지
robot vacuum cleaner: 로봇 진공청소기
home theater system: 홈시어터

Memo

What would you say has been the most innovative invention of the last few decades?

지난 수십 년간 가장 혁신적인 발명품은 무엇이라고 생각하나요?

A

Sample Diary Entry

I think the Internet is the most innovative invention. It has revolutionized, not only the way we communicate, but also how we use our brains.

나는 인터넷이 가장 혁신적인 발명품이라고 생각한다. 인터넷은 우리가 의사소통하는 방법뿐만 아니라, 우리가 두뇌를 쓰는 방법에까지 혁명을 일으켰다.

Words & Phrases

change the world: 세상을 바꾸다
self-driving car: 자율 주행 자동차
quality of life: 삶의 질
spacecraft: 우주선
progress of mankind: 인류의 진보

Are you handy, or do you have to get someone else to fix things?

당신은 손재주가 뛰어난가요, 아니면 물건을 고치려면 다른 사람을 써야 하나요?

A

Sample Diary Entry

I can assemble furniture, and I can hook up a computer, but I'm not very good at sewing. Luckily, there are services that can take care of such things.

나는 가구를 조립하고 컴퓨터를 연결할 수는 있지만, 바느질은 잘하지 못한다. 다행히도 그런 일을 해주는 서비스들이 있다.

Words & Phrases

do-it-yourself: 손수 하는(DIY)
hem a pair of pants: 바짓단을 줄이다
repair shop: 수리점
plumber: 배관공
furniture: 가구

Q 363

What types of TV shows do you like: documentaries, comedies, science fiction or dramas?

다큐멘터리, 코미디, SF, 드라마 중 어떤 TV 프로그램을 좋아하나요?

A

Sample Diary Entry

I mostly watch the news on TV. I also like documentaries. Other than that, I like watching situation comedies — something that I can enjoy without thinking too much.

나는 TV에서 주로 뉴스를 본다. 다큐멘터리도 좋아한다. 그 외에는 깊이 생각할 필요 없이 즐길 수 있는 시트콤을 보는 걸 좋아한다.

Words & Phrases

genre: 유형, 양식, 장르
program: 방송 프로그램
variety show: 버라이어티 쇼
live sport broadcast: 스포츠 생중계
channel surfing: 채널 서핑(채널을 바꿔 가며 관심 있는 프로그램을 찾는 일)
ratings: 시청률

Memo

Which part of learning English do you find most difficult?

영어 공부의 어떤 부분이 가장 힘들다고 생각하나요?

A

Sample Diary Entry

Living in this country, you have zero opportunity to speak English unless you actively seek it. So I think the most difficult part about learning English is keeping up your motivation.

이 나라에 사는 동안은 자신이 적극적으로 찾으려고 하지 않으면, 영어를 말할 기회가 없다. 그래서 나는 영어 공부의 가장 힘든 점은 동기 부여를 계속해서 유지하는 것이라고 생각한다.

Words & Phrases

pronunciation: 발음
build up one's vocabulary: 어휘를 늘리다
grammar: 문법
sentence structure: 문장 구조
shy: 수줍어하는, 부끄럼을 타는
speak up: 큰 소리로 말하다

365

What is your favorite form of entertainment?

어떤 형태의 오락을 좋아하나요?

A

Sample Diary Entry

I love going to the theater. I think live performances are exciting because the same performance can never be repeated.

나는 극장에 가는 것을 좋아한다. 라이브 공연은 절대 같은 공연이 되풀이될 수 없기 때문에 흥미로운 것 같다.

Words & Phrases

sports: 운동, 스포츠
theater: 극장
shopping: 쇼핑
play game: 게임을 하다
go out with friends: 친구들과 놀러 나가다
watching TV: TV 시청

366

What made you smile today?

오늘 당신을 웃게 한 것은 무엇인가요?

A

Sample Diary Entry

My dog greeting me when I got home. Every time a family member walks through the door, he wags his tail and wiggles as though he cannot contain his excitement to see us.

집에 가면 나를 반기는 개다. 가족들이 문을 열고 들어올 때마다 그 개는 우리를 만난 흥분을 참지 못하는 듯 꼬리를 흔들면서 가만히 있지 못한다.

Words & Phrases

funny TV commercial: 재미있는 TV 광고
one's favorite team wins: 좋아하는 팀이 이기다
find one's lost ~: 잃어버린 ~을 찾다
choose a present for ~: ~을 위한 선물을 고르다

Memo

memo

memo

memo